国際交流基金 日本語教授法シリーズ 5

聞くことを教える

国際交流基金 著

国際交流基金 日本語教授法シリーズ
【全14巻】

 第 1 巻「日本語教師の役割／コースデザイン」

 第 2 巻「音声を教える」[CD-ROM付]

 第 3 巻「文字・語彙を教える」

 第 4 巻「文法を教える」

 第 5 巻「聞くことを教える」[音声ダウンロード]

 第 6 巻「話すことを教える」

 第 7 巻「読むことを教える」

 第 8 巻「書くことを教える」

 第 9 巻「初級を教える」

 第10巻「中・上級を教える」

 第11巻「日本事情・日本文化を教える」

 第12巻「学習を評価する」

 第13巻「教え方を改善する」

 第14巻「教材開発」

■はじめに

　国際交流基金日本語国際センター（以下「センター」）では1989年の開設以来、海外の日本語教師のためにさまざまな研修を行ってきました。1992年には、その研修用教材として『外国人教師のための日本語教授法』を作成し、主に「海外日本語教師長期研修」の教授法の授業で使用してきました。しかし、時代の流れとととともに、各国の日本語教育の状況が変化し、一方、日本語教授法に関する研究も発展したため、センターの研修の形や内容もさまざまに変化してきました。

　そこで、現在センターの研修で行われている教授法授業の内容を新たにまとめ直し、今後の研修に役立て、また広く国内外の日本語教育関係のみなさまにも利用していただけるように、この教授法シリーズを出版することにしました。この教材の主な対象は、海外で日本語教育を行っている日本語を母語としない日本語教師ですが、広くそのほかの日本語教育関係者や、改めて日本語教授法を独りで学習する方々にも役立てていただけるものと考えます。また、現在教師をしている方々を対象としていますが、日本語教育経験の浅い先生からベテランの先生まで、できるだけ多くのみなさまに利用していただけるよう工夫しました。

■この教授法シリーズの目的

　このシリーズでは、日本語を教えるための必要な基礎的知識を紹介するだけでなく、実際の教室で、その知識がどう生かせるのかを考えてもらうことを目的としています。

　国際交流基金日本語国際センターでは、教師の基本的な姿勢として、特に次の能力を育てることを目的として研修を行ってきました。その方針はこのシリーズの中でも基本的な考え方となっています。

１）自分で考える力を養う

　理論や知識を受身的に身に付けるのではなく、自分で考え、理解して吸収する力を身に付けることを目的とします。

２）客観性、柔軟性を養う

　自分のこれまでの方法、考え方にとらわれず、ほかの教師の意見や方法を知り、客観的に理解し、時には柔軟に受け入れることのできる教師を育てることをめざします。

3）現実を見つめる視点を養う

つねに現状や与えられた環境、自分の特性や能力を客観的に正確に把握し、自分の現場に合った適切な方法を見つける姿勢を育てることをめざします。

4）将来的にも自ら成長できる姿勢を養う

研修終了後もつねに自分自身で課題を見つけ、成長しつづける自己研修型の教師を育てることをめざします。

■この教授法シリーズの構成

このシリーズは、テーマごとに独立した巻になっています。どの巻からでも学習を始めることができます。各巻のテーマと概要は以下の通りです。

第 1 巻	日本語教師の役割／コースデザイン	日本語を教えるうえでの全体的な問題をとりあげます。
第 2 巻	音声を教える	各項目に関する基礎的な知識の整理をし、具体的な教え方について考えます。
第 3 巻	文字・語彙を教える	
第 4 巻	文法を教える	
第 5 巻	聞くことを教える	
第 6 巻	話すことを教える	
第 7 巻	読むことを教える	
第 8 巻	書くことを教える	
第 9 巻	初級を教える	各レベルの教え方について、総合的に考えます。
第10 巻	中・上級を教える	
第11 巻	日本事情・日本文化を教える	
第12 巻	学習を評価する	
第13 巻	教え方を改善する	
第14 巻	教材開発	

■この巻の目的

聴解指導での教師の役割は何をすることでしょうか。この巻では、学習者に音声テキストを聞かせて理解をチェックすることだけでなく、学習者の聴解力を積極的に育成することを重視し、次の3点を聴解指導の目標とします。

①日常生活の聴解活動をふり返り、なるべく日常の聴解に近い活動を授業に取り入れる。
②未習の単語や表現を含んだテキストが理解できるようになるために、ストラテジーの練習を積極的に授業に取り入れる。
③聴解が言語習得を進める活動になるように、未習の単語や表現に気づかせること、聞いたことを産出に結びつけることを授業に取り入れる。

■この巻の構成

1．構成

本書の構成は以下のようになっています。

1.「聞くこと」とは？
　日常生活の中の聴解をふり返り、「聞く」という過程で何が起こっているのかを確認します。また、聴解学習の目的として、(1) メッセージを理解する、(2) 言語習得のためのインプットを得る、という2点をあげ、(2) のためには、未習の単語や表現を含んだテキストを使う必要があることを説明します。さらに、海外の日本語学習者は、教室の外で自然な日本語を聞くことが少ないため、日本国内の学習者以上に教室での聴解学習が重要であることを確認します。

2. 聴解の過程
　理解のメカニズムとして、トップダウンモデル、ボトムアップモデル、相互交流モデルという3つの理論的モデルを紹介します。また、同じ理解過程である読解との共通点や相違点を確認します。

3. 聴解のストラテジー
　未習の単語や表現を含んだテキストを理解するために必要なストラテジーとして、以下の6つをあげ、それぞれのストラテジーに焦点を当てた教室活動を紹介します。(1) 情報を選別する、(2) 予測する、(3) 推測する、(4) 質問する、(5) モニターする、(6) 反応する

4. 授業計画の実際
　1つのテキストを使った授業の流れについて、「前作業」「本作業」「後作業」の3段階

に分けて授業計画のガイドラインを提示します。また、聴解を習得につなげるための活動を紹介します。さらに、未習の単語や表現を含んだテキストを使うという本書の方針は、学習初期から始めた方が効果があることから、単語レベルの聴解から取り入れられる活動を紹介します。最後に、学習者の関心が高い動画（ビデオやDVD）の活用方法を紹介します。

5. コース計画の実際

　コース全体の聴解指導をどのように計画するかをテーマに、聴解指導のシラバスについて考えます。また、聴解力の評価について、試験による評価と試験以外の評価にわけて考えます。最後に、限られた授業時間を補う教室外学習についてヒントを提供します。

2. 各課題（【質問】）

この巻の中の各課題（【質問】）は、次のような内容にわかれています。

 ふり返りましょう

自分自身の体験や教え方をふり返る

 やってみましょう

学習者の立場で教室活動を体験する

　この巻では、教師の立場での実践的作業は、「ミニ実習」で行います。

 考えましょう

教室活動の目的やねらいを理論と照らし合わせながら考える

ミニ実習

教師の立場で実際に教室活動をデザインする、教案を書くなどの作業を行う

 整理しましょう

各章の最後に、その章で学んだことをふり返って整理する

付属音声データについて

これまで本書に付属していたCDの音声データは、mp3のダウンロード方式に変更になりました。

音声データのダウンロード方法

①音声ダウンロード用のサイトにアクセスします。

http://febe.jp/hituzi

②表示されたページから、audiobook.jpへの登録ページに進みます。

　※音声のダウンロードには、オーディオブック配信サービスaudiobook.jpへの会員登録（無料）が必要です。すでにaudiobook.jpの会員の方は③へ進んでください。

③会員登録後、シリアルコードの入力欄に「63050」を入力して「送信」を押してください。

④スマートフォンやタブレットの場合はアプリ「audiobook.jp」の案内がでますので、アプリをインストールしてご利用ください。

　PCの場合は、「ライブラリ」から音声ファイルをダウンロードしてください。

・PCからでも、iPhoneやAndroidのスマートフォンからでも音声を再生できます。
・音声は何度でもダウンロード・再生することができます。
・ダウンロードについてのお問い合わせ先：
　　Info@febe.jp（受付時間：平日の10〜20時）

v

目次

1 「聞くこと」とは？ 2
- 1-1. 日常生活の中の聴解 2
- 1-2. 言語学習の中で聴解が持つ役割 7
- 1-3. 海外の日本語学習者にとって聴解学習が持つ意味 9

2 聴解の過程 12
- 2-1. ボトムアップ・モデル 15
- 2-2. トップダウン・モデル 18
- 2-3. 相互交流モデル 21

3 聴解のストラテジー 22
- 3-1. 情報を選別する 23
- 3-2. 予測する 25
- 3-3. 推測する 29
- 3-4. モニターする 35
- 3-5. 質問する 38
- 3-6. 反応する 43

4 授業計画の実際 46
- 4-1. 授業の流れ 46
- 4-2. 聴解を習得につなげるために 57
- 4-3. 学習初期の聴解 64
- 4-4. 録画の活用 74

5 コース計画の実際 76
- 5-1. 聴解指導のシラバス 76
- 5-2. 聴解力の評価 82
- 5-3. 教室外学習のヒント 93

解答・解説編 98
音声スクリプト 122
【参考文献】 128

1 「聞くこと」とは？

1-1. 日常生活の中の聴解

　コミュニケーションは、聞くこと、話すこと、読むこと、書くことの4技能からなっていますが、私たちが日常生活で「聞くこと」に使う時間は、全体の50％以上を占めると考えられます。つまり、「聞くこと」はコミュニケーション活動の中心です。まずは、私たちが生活の中のどんな場面で、どんな相手から、何を聞いているのか、ふり返ってみましょう。

 ふり返りましょう

【質問1】
私たちは日常生活の中でどんな場面でどんな目的で聞いているか、あなたの1日を例に考えてみましょう。昨日の朝起きてから夜寝るまでの行動を思い出してください。1日の行動の中で、①どんな場面で何を、②どんな目的で聞いたか、次ページの表1のAの列に書いてください。

　私たちは、さまざまな場面で、さまざまな目的を持って、さまざまな内容の**メッセージ**（人から人へ伝達される情報）を聞いて理解しながら日常生活を送っています。

　日常生活の聴解には、次の2種類があります。
(1) **対面聴解**：話し手と向かい合って直接話を聞く
(2) **非対面聴解**：ラジオ、テレビ、テープ、CDなど音声を聞く
例1は対面、例2は非対面、例3は電話なので話し手のすがたは見えませんが、相手と直接話を交わすという意味で対面だと考えられます。

【質問2】
表1のBの列に、あなたが記入した(a)～(e)の聴解について、対面か非対面に分類してください。

表1：日常生活の聴解

	A	B	C
例1	①朝食での家族との会話 ②おたがいの帰宅時間、1日のスケジュールなどを確認	(対面)・非対面	話・(読)・書
例2	①テレビの天気予報 ②その日に着る服、かさが必要かどうかなどを判断	対面・(非対面)	(話)・(読)・書
例3	①郵便局に電話で問い合わせ ②荷物の送り方、内容や大きさによる料金、受付時間などを問い合わせ	(対面)・非対面	(話)・読・書
(a)	① ②	対面・非対面	話・読・書
(b)	① ②	対面・非対面	話・読・書
(c)	① ②	対面・非対面	話・読・書
(d)	① ②	対面・非対面	話・読・書
(e)	① ②	対面・非対面	話・読・書

いろいろなタイプの聴解をしているとき、私たちは「聞く」以外にも「話す」「読む」「書く」など、ほかの技能を同時に使っています。例1の家族との会話では、「話す」ことはもちろん、自分のスケジュールを確認するために手帳を見るなど「読む」技能も使うかもしれません。例2のテレビの天気予報では、テレビの画面の文字を「読む」ことを同時にします。また、近くに家族がいれば、「今日はかさを持っていったほうがいい」など「話す」かもしれません。例3の郵便局への電話では、「話す」ことはもちろん、聞き取ったことをメモに「書く」ことを同時に行う場合が多いでしょう。

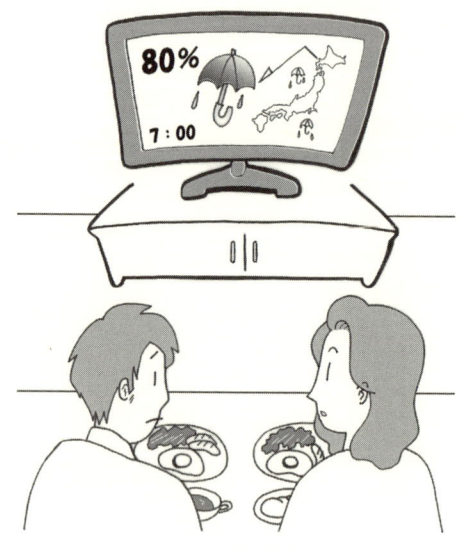

【質問3】

【質問1】の表のCの列に、(a)～(e)の聴解について、同時に使った技能に〇印をつけてください。また、場合によって同時に使う可能性がある技能に◌印をつけてください。

日常生活の聴解では対面聴解がとても多いことがわかりましたが、日本語の教室ではどうでしょうか。日本語学習における「聴解」と言うと、テープやCDなどの音声を聞くことを思いうかべることが多いのですが、実際の聴解のほとんどは対面聴解です。この教材では、非対面聴解だけでなく、対面聴解も大事な技能として教室の中に取り入れていくことを考えていきます。また、【質問3】で見たように、**「聞く」ことを「話す」「読む」「書く」など、ほかの技能と組み合わせて教室活動を設計していくことも大事**です。

日常生活の聴解では、次の (1) ～ (7) のことが起こっていると考えられます。
(1) 目的を持って、必要な情報を選別しながら聞く
(2) 聞きながら想像したり、先を予測したりする
(3) 聞いた内容を自分の背景知識[1]や経験と照合する
(4) 知らないことばや聞き取れない部分がある
(5) 理解できないことは、推測したり、質問したりする
(6) 聞くことを通してことばを学習する
(7) 聞いた内容についてコメントするなど反応する

 考えましょう

【質問4】

「郵便局への問い合わせ電話」（トラック2）を例に、くわしく見ていきましょう。（ア）～（キ）は、郵便局に問い合わせの電話をするときに起こる可能性の高いことです。（ア）～（キ）は、それぞれ上記の (1) ～ (7) のどれに当たるか、（　）に番号を書いてください。

(ア) 荷物の料金をたずねるとき、大体○円ぐらいだろうということを考えながら聞く。（　）

(イ) 郵便局の人の話の中で「プリンティッドマター」ということばがわからない。（　）

(ウ) 「プリンティッドマター」について説明してもらって理解する。（　）

(エ) 荷物の料金や配達にかかる日数についての説明を聞いて、「思っていたより高い（安い）」「思っていたより早い（遅い）」などと考える。（　）

(オ) 料金が送り方によって違う場合など、たとえば「料金が高いのは特別なサービスがあるからだろうか？」などと考えたり、質問したりする。（　）

(カ) 「何時から何時までですか」という質問に対して、「平日は朝9時から夜7時まで。土曜日は午後3時までです。」という答えがあった。もし自分の知りたいのが平日の時間であれば、「土曜日は……」の部分には注意をはらわない。（　）

(キ) 電話の後、「郵便の送り方っていろいろあるのね。」「けっこう親切な対応だった。」など、感じたことを家族や友達に話す。（　）

「郵便局への問い合わせ電話」について、(1)〜(7)を順番に考えてみましょう。問い合わせる目的（荷物の送り方、料金、受付時間など）を持ってかけた電話なので、目的を達成するために必要な

情報に注目して聞いているはずです。一方、土曜日の受付時間については関心がなければ注意をはらわないなど、私たちは **(1) 目的を持って、必要な情報を選別しながら聞いている**と言えます。

また、話し手や郵便局の様子を想像したり、たとえば荷物の料金についてある程度の予測を持って聞いていることから、**(2) 聞きながら想像したり、先を予測したりしている**と言えます。

次に **(3) 聞いた内容を自分の背景知識や経験と照合する**について考えます。私たちは、自分が求める情報について言語的には理解できても、背景知識や経験に照らすと疑問（たとえば「なぜ送り方によって料金が違うのか」など）を感じることがあります。そこで、自分の背景知識や経験と異なるために **(5) 理解できないことは、推測したり、質問したりする**ことになります。つまり、「料金が高いのは何が違うのか」と、その理由を推測したり、質問したりします。

さらに、**(4) 知らないことばや聞き取れない部分がある**、**(6) 聞くことを通してことばを学習している**について検討します。母語での聴解であれば、知らないことばはあまりないかもしれませんが、専門用語や特別なことば（郵便局の荷物に関する用語なら「EMS」「EXPACK」）などについては、**(4)(6)** が当てはまる可能性もあります。また、知らないことばや表現を含んでいなくても、相手の話し方について「わかりやすい言い方だ」「感じのいい言い方だ」などと感じ、その人のことばの使い方を学んでいることもあり、その場合は **(6)** が当てはまります。一方、外国語での聴解であれば、多くの場合、知らないことばや聞き取れない部分があり、**(6)** が聴解学習の重要な目的の1つになります。また、知らないことばや聞き取れない部分があれば、**(5) 理解できないことは、推測したり、質問したりする**が当てはまります。

最後に、**(7) 聞いた内容についてコメントするなど反応する**ですが、問い合わせ

電話の後、私たちは、郵便局のサービスについて感じたことを家族など身近な人に話したりします。また、電話で得た情報を受けて郵便の送り方を決めるなど、何らかの判断をします。この「聞いた後の反応」も聴解の一部として考えていくことは、とても大事です。

【質問5】
【質問1】で(a)〜(e)に記入した聴解について、(1)〜(7)が当てはまるか考えてください。

　日常生活での聴解では、多くの場合、上の(1)〜(7)が当てはまります。日本語の教室で行う聴解についても、できるだけ(1)〜(7)が実現するような聴解を考えていきましょう。

1-2. 言語学習の中で聴解が持つ役割

　日常生活の聴解で私たちはさまざまな目的でさまざまな内容のメッセージを理解していることを確認しました。学習者は、日本語のコミュニケーションの中でさまざまなメッセージが理解できるようになるために、聴解を学習します。しかし、聴解学習の目的は「メッセージの理解」だけではありません。聴解学習には、もう1つ、「言語習得のためのインプットを得る」という大事な目的があります。つまり、学習者は聞くことを通して言語を学んでいるということです。

　第2言語習得研究と呼ばれる研究は、人がどのように第2言語（母語以外の言語）を学ぶかを追究しています。人が第2言語を学ぶ方法は多様ですが、次ページの図1で表される過程は共通していると考えられます。「インプット」とは、学習者に入力される目標言語（日本語学習の場合は日本語）で、つまり「学習者が聞く日本語」「読む日本語」です。「アウトプット」とは、学習者が出力する目標言語（日本語）で、つまり「学習者が話す日本語」「書く日本語」です。第2言語習得の過程から見ると、「聞くこと」と「読むこと」は「インプット」、「話すこと」と「書くこと」は「アウトプット」として、共通に考えられることが多いのですが、ここでは、音声言語を例に考えていきます。

	インプット	アウトプット
音声	聞く	話す
文字	読む	書く

インプットは、学習者にとって知らないことばや聞き取れないことばを含んでいますが、それらが理解できるインプットになることが学習者の運用力の向上につながると考えられています。学習者のアウトプットは運用力から生まれるものですが、その運用力は、理解できるインプットという栄養がたくさん与えられなければ育っていきません。図1を参照してください。[2]

たくさんのインプットの中からうまく理解できるインプットを得ることは、運用力に直接働きかけるという意味で習得にとって最も重要だと考えられています。では、理解できないものを含んだインプットは、どのようにして理解できるインプットになるのでしょうか。私たちは、理解できないものを含んだインプットを聞いたときでも、「文脈・場面」を手がかりにして、自分の「背景知識」を使って「予測」したり「推測」したりして理解を補っています。「文脈・場面」や「背景知識」によって理解を補うことは、聴解の過程として非常に自然で実際的なことですから、日本語の聴解指導でも学習者にこの過程を経験させることが重要です。

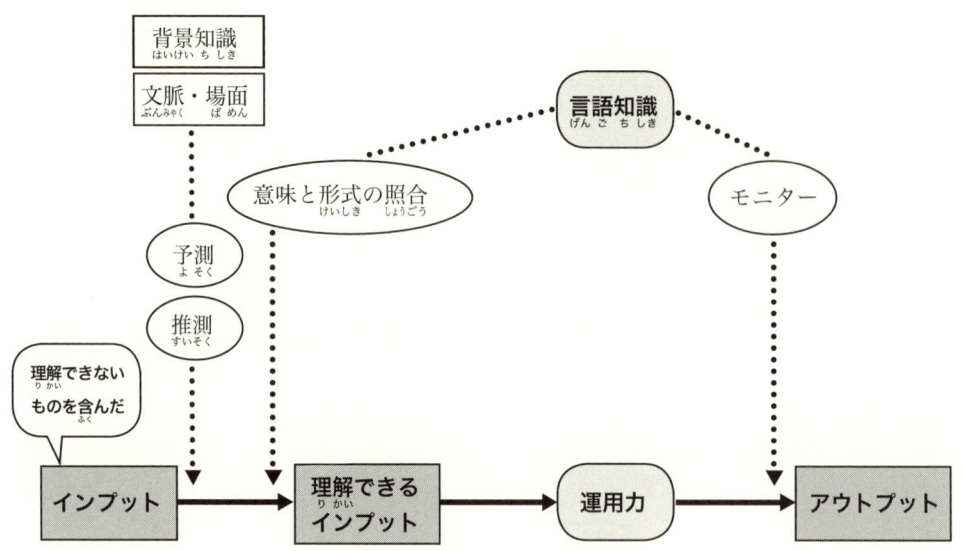

図1：第2言語の習得過程

一方、学習者は言語知識（単語や文法などに関する知識）を持っています。言語知識は、多ければ多いほど自動的に運用力を豊かにするわけではありませんが、次の2つの方法で運用力の向上に貢献すると考えられています。①言語知識は、インプットを理解し、言語表現の意味と形式とを結びつけること（照合）を可能にします。②言語知識は、学習者がアウトプットする際にそれが日本語として正しいかどうか「モニター」することを可能にします。

1-3. 海外の日本語学習者にとって聴解学習が持つ意味

【質問6】

海外で日本語を学ぶ学習者と日本国内で日本語を学ぶ学習者の日本語能力試験(旧試験[3])結果を比べると、図2に見られるように、海外の学習者は相対的に聴解が弱いことがわかります。これはなぜか、また、この問題を解決するためにはどんな方法が考えられるか、話し合ってください。

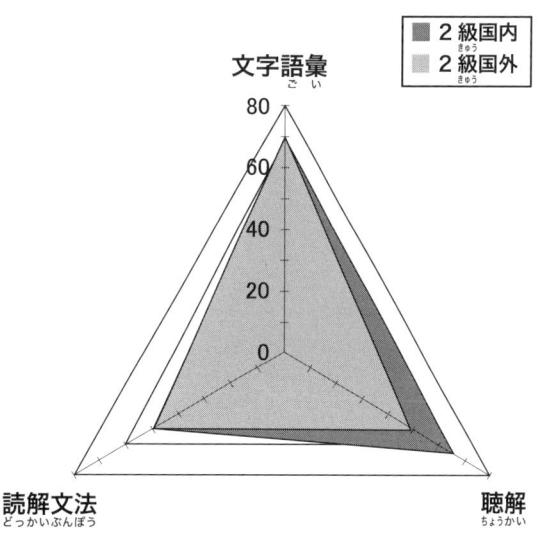

図2：日本語能力試験2級平均値(%)：国内と国外の比較
日本語教育学会認定委員会編2004)データ(1999年～2002年)より

海外の日本語学習者は教室外で自然な日本語を聞くことが少ないからこそ、教室内での聴解指導に力を入れる必要があります。具体的には、次のようにいくつかの方法が考えられます。

①教室での教師の指示や学習者間のコミュニケーションをできるだけ日本語で行う。

②手に入る音声・動画は最大限活用して、何度も聞くように（しかし飽きずに聞けるように）教室活動を工夫する。

③理解できないものを含んだ「自然な日本語」に恐がらずに対応できる**ストラテジー**を育てる。

この教材では、これらの方法についてさらにくわしく考えていきます。

> 「ストラテジー」とは？
>
> 学習者は限られた言語知識や技能でコミュニケーションを行わなければなりません。その時、不足した理解を補うために学習者が用いる方策を「ストラテジー」と言います。この章では、「予測する」「推測する」「質問する」などが聴解にとって大事なストラテジーであることを確認しました。「ストラテジー」については、3章でくわしく扱います。

 整理しましょう

【質問7】
次の文章は、この章で考えたことを整理したものです。下線部分に適切なことばを書いてください。

　第1章では、まず、日常生活の聴解がどのように行われているかを考えました。聴解には対面聴解と非対面聴解がありますが、日常生活に多いのは(1)＿＿＿＿＿＿＿＿です。また、「聞く」ことは、「話す」「読む」「書く」などと同時に行われることが多いことも確認しました。さらに、日常生活の聴解では、情報を選別する、予測する、(2)＿＿＿＿＿＿、(3)＿＿＿＿＿＿ など、多くのストラテジーを使いながら聞いています。聴解指導では、日常生活で使われているこれらのストラテジーを取り入れて、授業を設計することが大事です。

　聴解学習には、「メッセージの理解」と「言語習得のための(4)＿＿＿＿＿＿を得る」という2つの目的があります。聴解を言語習得につなげるためには、「理解できないものを含んだインプット」を「文脈・場面」や「(5)＿＿＿＿＿＿」によって理解を補いながら聞くという過程が必要です。聴解指導では、学習者にこの過程を経験させることが欠かせません。

　海外の日本語教育では、学習者が教室外で自然な日本語を聞くことが(6)＿＿＿＿＿＿という問題があります。このため、教室の中で多くの日本語を聞くことができるように教師が工夫することが重要です。

---

[1] 背景知識は、私たちが持っている一般的な知識。本シリーズ第7巻『読むことを教える』(pp.7-9)では、「スキーマ」という用語を使っている。

[2] 図1は、Ellis(1995:89)の第2言語習得モデルを参考に作図した。日本語では、横山(1999)がこのモデルについてくわしく説明している。

[3] 日本語能力試験は2010年から新しく変わり、2009年までの試験を「旧試験」と呼んでいます。

— MEMO —

2 聴解の過程

　学習者が「聞いて理解する」ことを助けるために、教師は何ができるでしょうか。聴解指導の教師ができることは、2つあると考えられます。1つは、学習者が「聞いて理解する」のに適当な**テキスト**を準備することです。もう1つは、学習者がテキストを「聞いて理解する」**過程**を助けることです。第2章では、この聴解の「過程」について考えます。また、第3章では、聴解過程に働きかけるストラテジーを練習する教室活動について紹介します。テキストの選び方については、第5章で扱います。聴解過程を先に扱うのは、聴解過程に関する考え方がテキストの選び方に影響するからです。

> **「テキスト」とは？**
> この教材では、聴解学習で学習者が聞く日本語の音声を「テキスト」と呼びます。また、「テキスト」を文字に書いたものを「スクリプト」と呼びます。

　次のスクリプト（**トラック2**）を音声で学習者に聞かせ、下のような質問をするとします。このことによって、学習者の理解に関してどんなことがわかりますか。

郵便局員：はい、ありがとうございます。浦和みどり町郵便局、林田でございます。

王：あのう、私は外国人なんですが、【はい】荷物の送り方について【はい】教えていただきたいんですが、よろしいですか。【はい】あの、本なんですけれども【はい】安く送れるのはどんな方法ですか。

郵便局員：送り先は海外ですか。【あ、中国です。】あ、中国【はい】。あの、安くですと、ええと、中にですね【はい】、本だけ、ええ、お手紙とかちょっと、はいら、入れられないんですが、【はい】本だけを入れていただいて【はい】あの、封をですね、【はい】一部、中が本ですっていう形で確認できるように開けていただく【あ、はい】と、ええ、プリンティッドマターというやり方で、

王：すいません、プリンティッド？

> 郵便局員 ： プリンティッドマター、【……】あの、本とか、印刷した物【あ、印刷した物】ええ、印刷物として送ることができますね。【はい】料金的には、それが一番お安いです。
> 王 ： ああ、そうですか。(後略)

質問
1. この外国人はどこに何を送りたいと思っていますか。
2. 荷物の送り方についてどんな質問をしましたか。
3. その質問に対する郵便局の人の答えは何ですか。

　学習者に上のような質問をすることで、学習者の理解をある程度チェックすることができます。実際、多くの聴解テストでは、このような質問によって学習者の理解を測っています。しかし、授業はテストとは違いますから、理解をチェックするだけではなく、学習者が理解する力を養成しなければなりません。言いかえれば、聴解テストは理解の「結果」をチェックするものですが、聴解授業は理解の「過程」を助けるものです。以下では、まず、聞いて理解する「過程」がどのようになっているかについて考えていきます。

　第1章で確認したように、聴解とは、**言語知識を活用し、また文脈・場面や背景知識を手がかりにして、音声から意味を構築する過程**です。これは、下線の部分を次のように変えれば、読解の定義になります。読解とは、**言語知識を活用し、また文脈・場面や背景知識を手がかりにして、文字から意味を構築する過程**です。
　聴解や読解の定義で、「意味を理解する」ではなく、「意味を構築する」としたのには、次のような理由があります。聴解や読解は、話し手や書き手が送ろうとした意味を必ずしもそのまま受け取ることではなく、聞き手や読み手が自分の背景知識を活用して意味を構築する（作り上げていく）過程だと考えられます。次の【質問8】を考えてみてください。

【質問8】

駅のホームで近くにいた中年の女性が携帯電話で次のように話していたとします。この話からこの女性や電話の相手についてどんなことが想像できるでしょうか。

> あ、トモコ？……うん、何か変わったことあった？……うん、あ、そう。で、晩ごはん何にしようか、何か食べたい物ある？……（後略）……

　私たちは背景知識を使って、短い会話の一部だけからでもいろいろなことが想像できること、また、実際の生活の中ではそうした想像をしながら聞いていることがわかります。

【質問9】

読解が文字による書きことばを理解することであるのに対して、聴解は音声による話しことばを理解することです。話しことばには、書きことばにはないどんな特徴がありますか。自然な話しことばを録音して、文字に書いてよく観察し、話しことばの特徴をできるだけたくさんあげてください。

　言い直しやくり返しが多い、途中で終わる文が多いなど、話しことばには書きことばとは違う特徴がたくさんあります。また、文字には「、」や「。」があって単語や文の区切れがわかりやすいのに対し、音声は目に見えないので、区切れがはっきりしません。さらに、音声は、話し手の出身地、個性、その発話の行われた場所や目的などによって、同じ言語形式でも大きく違います。学習者は、さまざまな音声を意味に結びつけて理解できるように、聞く練習を重ねることが必要です。

　話しことばのメッセージは、声の調子や顔の表情などによっても伝えられます。こうした言語外の情報は、言語理解が十分ではない学習者にとって、大きなヒントになります。しかし、同時に、言語外のメッセージの意味は、文化によっても違いますから、聴解学習に意識的に取り入れて学んでいく必要があります(言語外のメッセージに注目する聴解学習については、「4.4　録画の活用」参照)。

　聴解でも読解でも、その過程には、3つの理論的モデルがあると考えられています。以下では、聴解と読解の共通点および相違点にも注目しながら、3つのモデルを順番に見ていきましょう(本シリーズ第7巻『読むことを教える』pp.4-10参照)。

2-1. ボトムアップ・モデル

　第1章の図1で第2言語の習得過程を示しましたが、聴解や読解でインプットを理解するときに、下の図1-1に記したように言語知識を使ってインプットを理解することを「ボトムアップ」と言っています。つまり、入ってくるインプットを言語知識を使って意味に換えていくわけですが、その際、単語のような小さな単位から段落や文章のように大きな単位へと理解を積み重ねて全体の意味を構築していくという意味で「ボトムアップ・モデル」と呼んでいます。

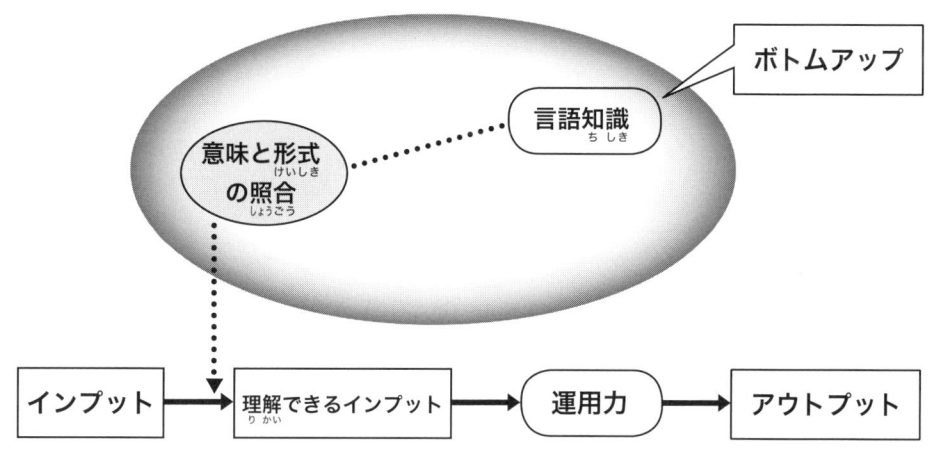

図1-1：ボトムアップ処理

 考えましょう

【質問10】

読解ではボトムアップ・モデルはこのように図示されます（本シリーズ第7巻『読むことを教える』p.5参照）。聴解のボトムアップ・モデルを図示するとしたら、どこを変える必要がありますか。また、聴解でボトムアップの過程を処理するには、読解とは異なるどんな力が必要でしょうか。

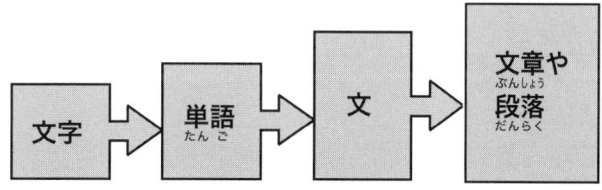

読解では「文字」で与えられるインプットが聴解では「音声」で与えられますから、聴解ではインプットの形が目に見えません。また、すでに見たように、話しことばでは、文や段落の形式や区切れがはっきりしていません。さらに、読解では、1つ1つレンガを積み上げるような着実なボトムアップができますが、聴解では、レンガ（聞き取ったことば）はすぐに消えていきます。つまり、「単語」→「文」→「談話や段落」と意味を積み重ねていく作業は、目に見えない記憶の中でやらなければなりません。

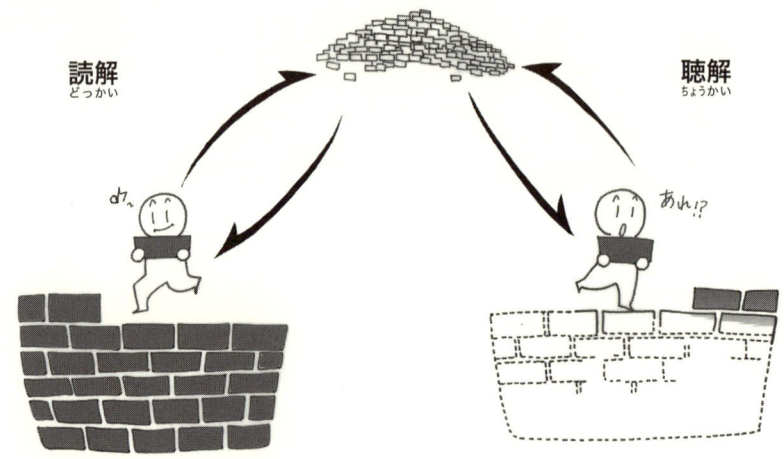

　聴解のボトムアップ・モデルを図にすると、次のようになるでしょう。

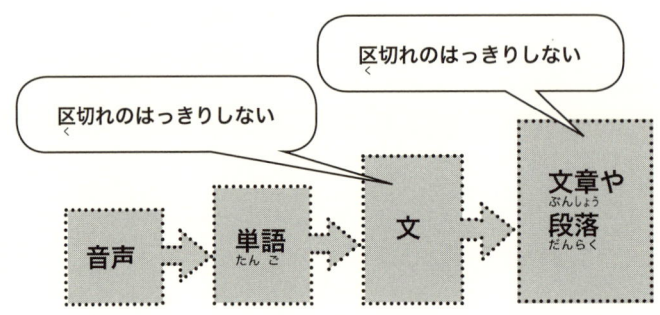

 やってみましょう

【質問11】
　30秒程度の簡単な自己紹介スピーチを紙に書いて準備してください。次に、ペアでスピーチをおたがいに聞かせ合います。ここでは、「スピーチをする」ほうではなく、「スピーチを聞く」役割を体験するのがポイントです。聞く役割の人は、1つ1つの単語や文を注意深く聞いてください。また、聞いたスピーチをで

きるだけ正確に覚えておいて、後で紙に書いてください。以上のことが終わったら、おたがいに話し手が書いたスピーチと聞き手が書いたスピーチを比べてみてください。

【質問11】の体験では、スピーチを「できるだけ正確に覚えておく」ためにボトムアップ処理に近い聞き方をしたことと思います。でも、短く簡単なスピーチで、内容はすべて理解できたと思っても、すべてを記憶していることはできませんね。

読解は自分のペースで読み進めることができるのに対し、聴解では音声が流れてくる速度を自分でコントロールすることができません。つまり、読解では、知らない単語や表現が出てきたときには辞書を引いたり、読み返すなどしてゆっくり考えることができるのに対し、聴解では、意味を即時に処理することが求められます。こうした条件を考え合わせると、聴解では、推測のストラテジーが読解以上に重要になります。

一方、実生活の対面聴解では、わからないことがあれば話し手に質問することができます。対面聴解では、聞き手としてあいづちなどの反応を示しながら聞くこと、わからないことや推測の結果を質問によって確認することが大事なストラテジーになります。

初級の聴解指導

初級の聴解指導の中で、文字を見ながらテキストを聞くことがあります。また、テープを短く区切って止めながら聞く方法があります。どちらもボトムアップ処理に焦点を当てた聞き方で、実際の聴解とは条件が大きく異なります。聴解指導の一部でこのような練習を行うのはかまいませんが、このような練習だけで十分な聴解力を養成することはできません。文字の助けを借りずに音声だけで理解する練習、聞き取れない部分があっても予測や推測のストラテジーを使って理解を補う練習を初級の初めから取り入れてください。言語学習では、「多少わからないことがあっても気にしない」「あいまいな理解しかできなくてもがまんする」という態度も必要です。初級の初めからそうした練習を積み重ねることで学習者はこの態度を身につけることができます。

2-2. トップダウン・モデル

ふたたび第2言語の習得過程にもどると、下の図1-2に示したように文脈・場面を手がかりに背景知識を使った予測や推測を行いながら理解を進めることを「トップダウン」と言っています。理解できないものを含んだインプットを「理解できるインプット」にするには、「トップダウン」の意味処理を導入することが必要です。

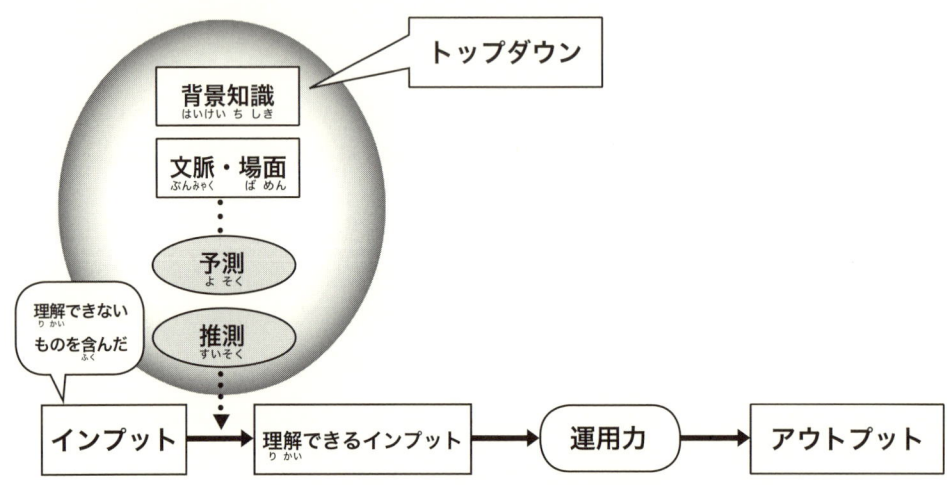

図1-2：トップダウン処理

読解では、トップダウン・モデルは、下のように図示されます。つまり、見出しや写真を手がかりに予測や推測を行い、その予測や推測が正しいかどうかを確認しながら読み進めていくモデルだと説明されます（本シリーズ第7巻『読むことを教える』p.6参照）。聴解のトップダウン・モデルを図示するとしたら、どこを変える必要があるでしょうか。また、聴解でトップダウンの過程を処理するには、読解とは異なるどんな力が必要でしょうか。

【質問12】
(a)〜(c)の3種類の聴解について、次のことを考えてください。
　(a) 友だちの結婚式で新郎の同僚によるスピーチを聞く

(b) 先週品物を注文したスポーツ店から留守中に電話があった。留守番電話に録音されていたメッセージを聞く

(c) 友だちの家を訪ねたとき、出された料理の作り方を聞く

(1) 聞く前に、話題や話し手あるいは場面に関する情報からどんなことが予測できますか。予測できることをできるだけ多く箇条書きにしてください。

(2) (a)の結婚式でのスピーチは次のように始まります。この後どんな内容が続くと予測できますか。**(トラック3)**

松村君、香奈さん、ご結婚おめでとうございます。私は、松村君と、国際貿易株式会社に勤務している、阿部純と申します。松村君とは、同期の入社で、これまで5年間同じ食品部で仕事をしてきました。新米社員だった私たちも、最近は、新しい企画を任されることがあります。そんな時、松村君は、いつも事前調査を熱心にやります。インターネットや資料から情報を集めるだけでなく、社内のほかの部署や取引先にまで話を聞きに行って、ていねいに企画の準備をします。でも、たくさん準備をしたからと言って、仕事は必ずうまくいくというものではありません。なかなか思い通りにならないことも多いのですが、そういうときに私がいつも感心するのは、…………

(3) (b)の留守番電話について、××××の部分が雑音で聞き取れません。聞き取れない部分を推測してください。**(トラック4)**

松井様のお宅でしょうか。「キッズ・スポーツ」新宿西口店でございます。20日土曜日にご注文いただきましたお品物が××××××××××よろしいときにご来店くださいますようお願いいたします。なお、当店の営業時間は、午前11時から午後9時までとなっております。では、失礼いたします。

(4) (c)の料理の作り方について、メモをとりながら聞いていたので、××××の部分を聞きのがしてしまいました。どのように質問しますか。【　　　】内は聞き手の発話です。下線を引いた部分で行う質問を考えてください。**(トラック5)**

まず、たまねぎはね、薄切り【うん】で、にんにくも薄切りね。【うん】にんじんは、そうね、5ミリぐらいかな、の輪切りにして、10分ぐらい水に××××。それから、トマトなんだけど、【え、ちょっと待って。＿＿＿】

聴解では、話題や場面、話し手に関する情報が予測や推測の材料を提供します。また、結婚式のスピーチで初めの部分を聞いて先を予測したように、先行文脈も予測を助けます。さらに、対面聴解であれば、推測するだけでなく、推測の結果を質問によって確認することが可能です。聴解のトップダウン・モデルは、下のように図示することができるでしょう。

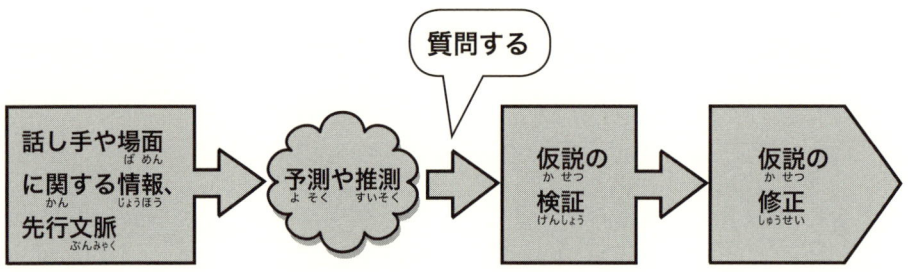

【質問13】
たとえば料理の作り方を録音したものを聞くとして、(1) 料理が得意な主婦が聞く場合と、(2) 料理に関心のない大学生が聞く場合では、予測や推測による仮説検証はどう違うでしょうか。また、どちらの方がテキストの内容をよく記憶していられるでしょうか。それはなぜだと思いますか。

「背景知識」には、「予測」や「推測」を可能にし、「記憶」を保持しやすくする役割があります。日本語学習の聴解では、テキストを聞く前に、学習者に話題や話し手、場面などについて十分な情報を与えて「背景知識」を活性化し、同時に、何に注目して聞くか「目的」を意識させることが重要です。

2-3. 相互交流モデル

　日常生活の聴解では、ボトムアップ、トップダウンのどちらか1つだけを使うのではなく、普通は両モデルを相互に使いながら理解を進めます。この過程を相互交流モデルと言います。

　聴解では、聞いた音はすぐに消えていくことから、レンガを積み上げるようなボトムアップはできません（p.16参照）。学習者は聞き取れなかった部分を推測や質問で補う以外に方法がないのです。同時に、学習者にとって、日常生活で接する日本語に聞き取れない部分があるのは、避けられないことです。聴解指導では、着実なボトムアップの力を養成するとともに、聞き取れない部分があることを前提に、トップダウンを効果的に組み合わせて行う方法を練習することが大事です。

 整理しましょう

【質問14】
次の文章は、この章で考えたことを整理したものです。下線部分に適切なことばを書いてください。

　聴解とは、言語知識を活用し、また文脈・場面や背景知識を手がかりにして、音声から(1)＿＿＿＿＿＿を構築する過程です。聴解の過程には、3つの理論的モデルがあると考えられています。第1に、「ボトムアップ・モデル」とは、単語のような(2)＿＿＿＿＿＿単位から段落や談話全体という(3)＿＿＿＿＿＿単位へと言語知識を使った理解を積み重ねて全体の意味を構築していくことです。第2に、「トップダウン・モデル」とは、文脈・場面を手がかりに背景知識を使って、(4)＿＿＿＿＿＿や(5)＿＿＿＿＿＿を行いながら理解を進めることです。3番目の「(6)＿＿＿＿＿＿モデル」とは、ボトムアップ、トップダウンの両方を相互に使いながら理解を進めることで、日常生活の聴解では、多くの場合このモデルを使っていると考えられます。聴解授業は理解の「過程」を助けるものですから、これら3つのモデルで説明される理解過程を学習者に経験させることが重要です。

3 聴解のストラテジー

聴解指導では、理解できないものを含んだテキストを聞かせることが基本であることを第1章で確認しました。また、教師の仕事は、理解の「結果」をテストするのではなく、理解の「過程」を助けることだということを第2章で確認しました。「理解できない」ものを含んだテキストについて「理解を助ける」には、どうすればいいのでしょうか。学習者が理解できなかった部分について、意味を説明したり、文字のスクリプトを見せたりするのは、理解の「結果」を与えることで、理解の「過程」を助けることではありません。聴解指導とは、「理解できない」ものを含んだテキストをストラテジーを用いながら理解する方法を練習させることです。この章では、ストラテジー、つまり不足した理解を補うために学習者が用いる方策について練習させる方法を紹介します。

第1章で日常生活における実際の聴解活動には次の7つの要素があることを確認しました。まず、学習者がこれらのことを適切に行うためにどんなストラテジーが必要か考えていきましょう。

(1) 目的を持って、必要な 情報を選別 しながら聞く
(2) 聞きながら想像したり、先を 予測 したりする
(3) 聞いた内容を自分の背景知識や経験と照合する
(4) 知らないことばや聞き取れない部分がある
(5) 理解できないことは、 推測 したり、 質問 したりする
(6) 聞くことを通してことばを学習する
(7) 聞いた内容についてコメントするなど 反応 する

上記の(1)～(7)の中で □ で囲んだのは、5つの主要なストラテジーです。もう1つ、これらのストラテジーをコントロールする最も重要なストラテジーとして、 モニター があります。「モニター」とは、自分が理解すべきことが理解できているかどうかをチェックすることです。以下では、「モニター」を含む6つのストラテジーについて、1つずつ、その役割を考え、それぞれの練習方法について紹介します。

3-1. 情報を選別(せんべつ)する

やってみましょう

【質問 15】

＜ステップ１＞から＜ステップ４＞の手順(てじゅん)で、東京に住む３人の大学生の自己紹介(じこしょう かい)を聞いて、質問に答えてください。**(トラック６〜８)**

＜ステップ１＞

まず、(A) の質問に答えるつもりで、３人の大学生の自己紹介(じこしょうかい)を聞いてください。

(A) あなたの知り合いの中国人大学生が東京で週末(しゅうまつ)のホームステイを希望(きぼう)しています。３人の中で自宅(じたく)でのホームステイを引き受けてくれる可能性(かのうせい)があるのはどの人でしょうか。また、それは、なぜですか。

＜ステップ２＞

いま聞いた３人の大学生の自己紹介(じこしょうかい)について、(B) の質問に答えてください。

(B) あなたは留学生(りゅうがくせい)です。研究レポートの日本語をチェックしてくれるチューター(個人指導(こじんしどう)の教師(きょうし))を探(さが)しています。必要(ひつよう)な時にいつでも頼(たの)めるように、できるだけ時間が自由(じゆう)になりそうな人がいいと思っています。３人の中でどの人が一番可能性(いちばんかのうせい)が高いでしょうか。また、それは、なぜですか。

＜ステップ３＞

(A) の質問に答えるつもりでテキストを聞いて、(B) の質問に答えることはできましたか。事前に (A) の質問を与(あた)えられた場合と (B) の質問を与(あた)えられた場合では、聞き方はどう違(ちが)うでしょうか。

＜ステップ４＞

今度は次ページのスクリプトを見て、(A) の質問に答えるのに最低限聞(さいていげん き)かなければならない箇所(かしょ)には ＿＿＿＿＿＿＿ 、(B) の質問に答えるのに最低限聞(さいていげんき)かなければならない箇所(かしょ)には 〜〜〜〜〜〜〜 を引いてください。

23

今井：はじめまして、今井知子です。服飾デザイン科の2年生です。ファッションの世界にあこがれてデザイン科に入ったんですけど、デッサンもへただし、細かい縫製技術もまだまだなんで、こんなんでデザイナーになれるのか、ちょっと心配になってきているところです。家族は、両親と弟。弟は高校生ですけど、将来はパティシエになりたいって言っています。子どもの頃からケーキとかお菓子を作るのが好きなんです。母が料理が好きで、子どものころから1日3回の食事はもちろん、デザートまで全部作ってくれてたんですよ。いまは、デザイン実習がいそがしくて、けっこう夜まで大学に残ってることが多いんで、晩ご飯も外食が多いんですけど、週末は母の料理が楽しみです。最近は弟がデザートを作るし。父も母が料理に時間かけてる間、けっこう庭のそうじとかするし、私も洗濯や買い物は手伝って、みんなでわいわいって感じです。

吉田：吉田健太郎です。経済学部の1年生です。経済学部って言っても、いまはまだ専門の授業はほとんどないし、どっちかって言うとテニス部の活動のために大学に来てるみたいです（笑い）。家族は、父と男3人兄弟。母は若い時に亡くなったんで、父はぼくたち3人を育てるので大変だったと思います。いまは、ぼくは大学の寮に住んでるし、兄2人も1人は大阪、1人は札幌で就職してるんで、みんなばらばらですけど。とにかく、いまはテニスばっかりやってる感じで、週末も夏休みもほとんどテニスか、あと活動費を稼ぐためのアルバイトです。将来は、平凡なサラリーマンでいいけど、テニスだけはずっと続けたいと思っています。

村野：村野文です。どうぞよろしくお願いします。教育学科の3年生です。まわりの友だちはそろそろ就職の話題が多くなっているんですけど、私は大学院進学を希望しています。教育学科なんで、教師になる友だちが多いんですが、私は今年の夏休みに先生の調査研究のお手伝いをしてから、「ああ、私もこんな研究ができるようになりたい」って思ってしまって……。いまは授業も少ないので、図書館か自分のアパートで勉強したり本を読んだりっていう時間が多いです。家族は、両親と妹が1人ですけど、両親は静岡にいて、妹は今年東京の大学に入ったので、いまはアパートでいっしょに住んでいます。

(A)の質問を与えられた場合と(B)の質問を与えられた場合では、注意を集中すべき箇所が違います。私たちは日常生活の聴解でも、すべてのことばを聞いているわけではありません。また、もしすべて聞き取れているとしても、すべてを記憶しているわけではありません。しかし、すでに見たように、日常生活の聴解には目的があるのが普通で、目的のために必要な部分を聞いて記憶していればいいわけです。

この自己紹介のテキストは、初級の学習者が聞くとしたら、未習の単語や表現も多く、やさしいテキストとは言えません。しかし、(A)(B)それぞれの質問に答えるのに最低限聞かなければならない箇所は、それほど多くはありません。その時の目的を意識して、目的のために重要でなさそうな部分はよくわからなくても気にせず、切り捨てて聞くという練習も必要です。一方、目的のために必要な部分が聞き取れなかった場合は、2度目に聞く機会にその部分に特に注意して聞くような習慣をつけることも大事です。

3-2. 予測する

(1) 予測の手がかりを提供する

第2章の【質問12】で、次の(a)(b)(c)を聞く際、実際の内容を聞く前に、話題や話し手、場面などからさまざまな予測が可能であることを確認しました。

(a) 友だちの結婚式で新郎の同僚からのスピーチを聞く **(トラック3)**

(b) 先週品物を注文したスポーツ店からもらった留守番電話のメッセージを聞く **(トラック4)**

(c) 友だちの家を訪ねた時、出された料理の作り方を聞く **(トラック5)**

予測によって学習者の理解の過程を助けるためには、予測の手がかりを提供し、背景知識を引き出すような質問やタスクを設定する必要があります。予測の手がかりとしては、次のようないくつかの方法が考えられます。

① 絵や写真、図やグラフなどの視覚材料を提示する。
② キーワードを提示しながら、場面や状況、関連するアイディアを提供する。
③ 聴解テキストと関連する文字テキストを読む。
④ ①②③を活用して、具体的な背景知識や予測を引き出す質問やタスクを与える。

考えましょう

【質問16】
「(a) 友だちの結婚式で新郎の同僚からのスピーチを聞く」の前に学習者の背景知識を引き出し、予測を助ける質問やタスクとして、どんなことが考えられますか。

　予測をしてから聞くと、聞くことが楽しみになりますから、聞く前に内容を予測させる活動は動機づけとしても重要です。

(2)「質問を作りましょう」
　背景知識を引き出し、予測を助けるために、聞く前の質問やタスクが大きな役割を持っていることがわかりました。この考えを一歩進めた「質問を作りましょう」という活動を紹介します。この活動では、質問を作るのは教師ではなく、学習者です。テキストのタイトルやテーマを学習者に伝え、学習者がそのテキストについて知りたいと思うことを質問にします。この活動は、ニュースや講義など、情報伝達タイプのテキストに適しています。

 やってみましょう

【質問17】
これから台風について報道するニュースを聞きます。聞く前に、あなたがニュースについて知りたいと思うことを質問の形で書き出してください。
例：台風はどこで発生して、いまどこにありますか。
後で、テキスト（トラック9）を聞いてください。あなたが書いた質問の答えは見つかりましたか？

26

(3) 予測聞き

「予測」は、テキストを聞く前だけでなく、テキストを聞いている間にも継続的に行うべきことです。このことを学習者に意識させるためには、次に紹介する「予測聞き」の活動が効果的です。活動の目的は、正しく予測することではなく、予測の効果を体験し、それを習慣として身につけることです。予測が正しかったかどうかを問題にする必要はありません。むしろ、結果として「まちがった予測」であっても、創造的でおもしろい予測を積極的に引き出していくことが大事です。

 やってみましょう

【質問 18】
テキスト（トラック10～14）をチャイム音のところで区切りながら聞いて、「この先どんな話になると思うか」予測してください。

 考えましょう

【質問 19】
「予測聞き」の活動について、次のことを話し合ってください。
(1) 予測したことは、区切り毎に発表してクラスの仲間と共有する方法と、発表せずに紙に書く方法があります。それぞれどんな効果があるでしょうか。
(2) 予測したことを母語で発表する（あるいは書く）方法と、日本語で発表する（あるいは書く）方法があります。それぞれどんな効果があるでしょうか。
(3) あなたの学習者を対象に「予測聞き」の活動をするとしたら、どんなテキストが適当でしょうか。

「予測する」というストラテジーを学習者に身につけさせる練習方法として、(1)予測の手がかりを提供する、(2)「質問しましょう」という活動、(3)「予測聞き」の活動を紹介しました。最後に、総合的な「ミニ実習」をしましょう。

ミニ実習

【課題1】

「かさじぞう」という昔話のテキスト（前半部分）**（トラック15〜16）**と絵を使って、テキストを聞く前に予測を助ける教室活動を考えてください。絵をいつの段階で、どのように提示するのが効果的かもよく考えてください。

> Track 15-16
>
> 　昔々あるところに貧乏なおじいさんとおばあさんがいました。おじいさんは、毎日あみがさを作って町で売っていました。ある年の大晦日におじいさんはあみがさを五つ売りに行きました。出かける前におばあさんに言いました。「かさを売って、お正月のもちを買ってくるよ。」それを聞いて、おばあさんは「じゃあ、待っています。いってらっしゃい。」と言いました。
>
> 　町の市場はにぎやかでした。でも、おじいさんのかさを買う人はいませんでしたから、おじいさんはもちを買うことができませんでした。夕方、だんだん寒くなって、雪が降ってきました。おじいさんがうちへ帰る途中で大雪になりました。道に並んでいるおじぞうさんの頭や肩の上に雪がたくさん積もっていました。おじいさんはおじぞうさんがかわいそうだと思って、持っていたかさをおじぞうさんにかぶせてあげました。でも、おじぞうさんは六人でかさは五つしかありませんでした。おじいさんは、自分のかさをぬいで、最後のおじぞうさんにかぶせて、うちへ帰りました。
>
>

「みんなの教材サイト」（https://minnanokyozai.jp/）より（一部改訂）

3-3. 推測する

　学習者にとって、わからないことばや聞き取れないことばが入っているテキストは、雑音の多いテキストのようなものだと考えられます。学習者は、日本語の聴解では、母語以上に推測の力を使って理解を進めていくことが必要です。ここでは、推測に焦点を当てた活動をいくつか紹介します。

(1) 未習語の推測

　聴解指導では、知らないことば、つまり未習語を含んだテキストを聞くことが前提だとします。未習語の中には、それがテキストのキーワードである場合など、テキストを聞く前に意味を確認しておいたほうがいいものもあります。しかし、多くは、聞きながらテキストの文脈によって大体の意味を推測することができます。このように文脈からの推測が可能な語や表現については、聞く前に説明せず、積極的に推測の活動に利用しましょう。

考えましょう

【質問 20】
次のテキストの□□□で囲んだ語が未習だとします。これらの未習語の中で文脈からの推測が可能な語はどれですか。テキストを聞く前に意味を確認しておいたほうがいい語はどれですか。また、それはなぜですか。**(トラック 17)**

Track 17

　現代は|ストレス|の多い社会だといわれますが、|ストレス|の感じ方は人によって違うようです。どんな人にも、その人によって|ストレス|になることと、それほどでもないことがあるようです。

　たとえば、勉強に|打ち込んで|、一生懸命がんばっている「勉強中心型」の人は、少しぐらい人間関係でいやなことがあっても|耐える|ことができますが、試験に失敗すると、とてもつらくなります。

　いろいろな人と親しくつきあって、友だちがたくさんいる「人間中心型」の人は、試験に少し失敗しても、|あんがい|平気ですが、友だちとの関係がうまくいかなくなると、|落ち込んで|しまいます。（後略）

宮城幸枝・三井昭子・牧野恵子・柴田正子・太田淑子著
『毎日の聞きとり plus40　上』（凡人社）第 17 課「どんなストレスに弱い？」を利用

前ページののテキストで言えば、「ストレス」のようにテキスト全体のキーワードであれば、事前に意味を確認した方がいいでしょう。しかし、文脈から推測が可能な語や表現（「耐える」や「落ち込んで」）、あるいは正確な意味がわからなくてもテキスト全体の意味を理解するためには問題がない語や表現（「打ち込んで」や「あんがい」）もたくさんあります。実際の聴解では、学習者は未習語に出会うことがむしろ普通です。未習語に出会ってもあわてずに聞き続ける習慣をつけるためにも、聴解指導のテキストには未習語がある程度入っていたほうがいいのです。[1] 文脈から意味を推測する練習を積極的に行ってください。

　テキスト全体を1回聞いて大体の意味を理解した後、2回目あるいは3回目に聞く時に、未習語に焦点を当て、（必要であれば区切って聞きながら）文脈から意味を推測する練習をします。たとえば、上の例では、「……『勉強中心型』の人は、少しぐらい人間関係でいやなことがあっても<u>タエル</u>ことができますが、試験に失敗すると、とてもつらくなります。」という部分から「タエル」の意味を推測させます。

(2) 声のクローズ

　「未習語」と言っても、1クラスの学習者の中でも、ある単語について、まったく聞いたこともない学習者、正確な意味はわからなくてもぼんやりと意味が感じられる学習者、すぐに意味が理解できる学習者など、習得状況がかなり違う場合もあります。そんな場合、全員が同じ条件で推測をする活動として、「声のクローズ」という方法があります。読解テストでテキストの一部を（　　　　　）で空白にしたものを「クローズ」と言いますが、この活動は声の一部を空白にするので「声のクローズ」と名付けました。実際に体験してみて、その効果を考えてください。

やってみましょう

【質問21】

テキスト（トラック18）には、音が消えている部分があります。1度目は、全体の流れに注目して聞いてください。2度目は、チャイム音のところで音声を止め、(1)〜(3)の空白部分の具体的な意味を推測して、下に書いてください。

(1) _____ ました　　(2) _____ ました

(3) _____ ました

「声のクローズ」は、空白部分を前後の文脈から推測することが目的ですから、大体の意味が推測できれば、正確な言語表現で言えなくても問題ありません。学習者の日本語運用力がまだ低いうちは、推測した意味を母語で言ってもかまいません。この方法は、「理解できないものを含んだインプット」を理解する過程を意識的に経験させることになります。

テキストを何回か聞いて、空白部分の意味を推測した後は、下のようにスクリプトを提示して、今度は完全なテキスト（トラック19）を聞きながら下線の空白部分を埋める作業をしてもいいでしょう。意味を推測した後で実際に空白部分の言語表現を聞くと、もしその言語表現が未習であっても、聞いた時にその意味が理解されることになります。つまり、「理解できないものを含んだインプット」だったテキストの「理解できない」部分が「理解できる」ようになっていることになり、新しい言語表現の習得が一歩進んだものと考えられます。

Track 19

今日、わたしは成田へわたしの国の友だちを迎えに行きました。車で行きました。友だちは午後5時に成田に着きます。道路ははじめのうちは(1)＿＿＿＿＿＿＿＿ていました。♪ところが、だんだんこんできて、ぜんぜん(2)＿＿＿＿＿＿＿＿くなりました。♪車がとまっている間、わたしはとても心配でした。友だちが成田に着いた時、わたしがいないと友だちはきっと困るでしょう。友だちが成田に着かないうちに、わたしがさきに成田に着かなければなりません。4時半に成田に着いた時、私は本当に(3)＿＿＿＿＿＿＿＿ました。♪

（♪印はチャイム音）

宮城幸枝・三井昭子・牧野恵子・柴田正子・太田淑子著
『初級日本語聴解練習　毎日の聞きとり50日　上』（凡人社）第25課を利用

考えましょう

【質問22】

次のテキスト（トラック20〜21）を使って「声のクローズ」を作るとしたら、どこに空白を作りますか。空白の場所を考えたら、実際に録音して、このテキストを聞いたことがない人に聞いてもらい、推測ができるかどうか試してみましょう。「声のクローズ」は、読むテキストのクローズよりも一層難しいものですから、空白をあまり多く作りすぎないように注意してください。

> Track
> 20-21
>
> 1. 山川さん：休みの日も6時に起きて、犬と公園を散歩します。そのあと、午前中は家事を手伝ったり、部屋で音楽を聞いたりします。午後はときどき友だちとテニスをしたり、町へ買い物に行ったりします。
>
> 2. キムさん：休みの日はいつも8時半ごろ起きます。4年生ですから、休みの日も遊ばないで勉強します。一日中研究室で実験をして、レポートを書いたり、英語の論文を読んだりします。
>
> 小山悟著『ジェイ・ブリッジ for Beginners Vol.1』（凡人社）第18課「余暇の過ごし方」より

空白部分の音を消すには、インターネット上で無料提供される音声処理ソフトを使うと便利です。音声処理ができなければ、教師が読みあげてもかまいませんが、その場合は、空白の部分は口を開けずにイントネーションだけで発音してください（**トラック22～23**に例があります）。空白部分をイントネーションだけで発音すれば、（まったく音が消えている場合よりも）イントネーションがヒントになって、推測がしやすくなる効果もあります。

(3) 片側だけの会話[2]

もう1つ、推測の力を意識させる方法として「片側だけの会話」という活動を紹介します。2人の会話テキストから1人の発話部分を消した録音を作り、消えた発話部分の内容を推測するものです。

やってみましょう

【質問23】

テキスト（**トラック24**）では、博物館に問い合わせの電話をしていますが、問い合わせをしたほうの人のせりふが消えています。どんなことを質問しているか、次の手順で推測してください。

(1) まず1回通して聞いて、どんなことを質問していたか考えを出し合ってください。

(2) 2回目は、チャイム音のところで音声を止めて、消えていた（直前の）Bのせりふを言ってみてください。

(3) 次は、下のスクリプトを見て、空白になっているBのせりふを書いてください。
(4) 完全な音声（**トラック25**）を聞き、あなたが書いたせりふと実際のせりふを比べてください。

Track 24-25

A：はい、大相撲博物館です。
B：_____

A：はい、なんでしょうか。♪
B：_____

A：午前10時から午後4時までです。♪
B：_____

A：はい。♪
B：_____

A：毎週、月曜日です。♪
B：_____

A：300円です。♪
B：_____

A：はい、ございます。20名以上になりますとお一人200円になります。♪
B：_____

A：そうですねえ、1時間あれば全部御覧になれるかと思いますが。♪
B：_____♪

文化外国語専門学校編『文化中級日本語Ⅰ』（凡人社）第7課　聴解「情報を得る」を利用

　学習者が推測したせりふがまちがっていなくても、音声のせりふとはちがう場合もあります。そのような場合は、学習者の考えたせりふも認めるなど、柔軟な対応が必要です。一方、やはり音声のせりふのほうが自然でよいという場合は、学習者に自分が考えたせりふと比べさせることで、言語の学習を進めることができます。

　「片側だけの会話」を体験してみると、テキストの半分が聞こえなくても、内容は案外よく理解できることが実感できるのではないでしょうか。上の電話会話の例は、①電話なのでジェスチャーなどの言語外表現がない、②問い合わせなので、質

33

問と答えのペアがはっきりしているなど、推測しやすい条件が整っています。日本語の上級クラスであれば、もう少し推測しにくいテキストを選び、場面設定や話題を事前には伝えずに話題を推測させたり、ことば使いなどから相手との人間関係を推測させたりしてもいいかもしれません。

(4)「行間を聞く」

聴解は、ボトムアップ・モデルが説明するような「言語で伝えられた情報」を処理することだけではありません。聞き手の背景知識を使って予測や推測、想像を活発に行うことが大事であることを意識させる活動として「行間を聞く」と名付けた活動を紹介します。「行間を読む」という表現は聞いたことがあるかと思いますが、読解において、読み手は、文字に書いていない情報や状況、登場人物の心理なども解釈しています。聴解でも同様に、私たちは、言語で直接的には伝えられていないことについて積極的に想像を広げています。「行間を聞く」は、学習者にそのことを意識させ、同時にいろいろな解釈や想像を楽しむ活動です。

やってみましょう

【質問24】

【課題1】のテキスト「かさじぞう」(前半部分)(トラック15〜16)を聞いて、この物語についてあなたがもっと知りたいと思うことを質問してください。物語のイメージを想像して、次のような質問をたくさん作ってください。

例：あみがさは何で作りますか。
例：おじいさんはかさをいくらで売りましたか。あなたはいくらだったら買いますか。

このように、言語で伝えられた内容を自分の経験や背景知識と照合して理解を進めていくことは、聴解授業を単に言語のための言語の練習に終わらせずに、実際の言語使用に結びつける上でとても大事です。

3-4. モニターする

　これまで、①「情報を選別する」、②「予測する」、③「推測する」というストラテジーについて考えてきました。これらのストラテジーを積極的に使う意識を持つと同時に、実際にテキストを聞く時に、①目的のために必要な情報はとれたか、②予測は正しかったか、③推測したことは後続の文脈と矛盾しないかをチェックしながら聞くことが大事です。このように、自分が理解すべきことが理解できているかどうかをチェックすることを「モニターする」と言います。別のことばで言えば、「何がわかったか」「(目的のために必要な情報のうち) 何が不足しているか」を常にチェックし続けることです。

　「モニター」は、ほかのストラテジーをコントロールする最も重要なストラテジーですが、「チェックする（判断する）」という行為は具体的に示しにくく、その養成は簡単ではありません。しかし、わずかなことでも少しずつ日々の聴解授業に取り入れていくことで長期的な効果はあるものと思われます。以下では、日々の授業に取り入れられる活動を紹介します。

(1)「もう1回聞きますか」

ふり返りましょう

【質問25】
テキストにする質問（あるいはタスク）を提示し、テキストを聞いた後、その質問に答えるためにもう1回テキストを聞く必要があるかどうかを、あなたは学習者自身に判断させていますか。

　「もう1回聞きますか」と聞かれたら、学習者は何を考えて答えを決めることになるでしょうか。もう1回聞く必要があるかどうか判断する時、学習者はテキストの中にわからないことがあったかどうかを意識的に考えることになります。このことをより一層意識させるためには、次のような質問をすることが有効です。
　「もう1回聞く時には、何に注意して聞きますか」
　「もう1回聞く時にあなたが知りたいことを質問の形で言ってください」

考えましょう

【質問26】

学習者に「かさじぞう」(前半部分)(トラック15～16)のテキストを聞かせて、次のような質問に答えさせます。

　(1) おじいさんはなぜ今日市場にでかけたのでしょうか。

　(2) おじいさんは市場であみがさを売ることができましたか。

　(3) おじぞうさんはどこにいましたか。

　(4) おじいさんはおじぞうさんを見て何をしましたか。それはどうしてですか。

テキストは、【課題1】で示したのと同じで、以下のとおりですが、□で囲んだことばは学習者にとって未習だとします。したがって、1回テキストを聞いて、大体の物語は理解できても、完全には理解できない部分があると考えられます。学習者に「もう1回聞く時にあなたが知りたいことを質問の形で言ってください」と指示したら、どんな質問が出ると思いますか。

Track 15-16

　昔々あるところに貧乏なおじいさんとおばあさんがいました。おじいさんは、毎日あみがさを作って町で売っていました。ある年の 大晦日 におじいさんはあみがさを五つ売りに行きました。出かける前におばあさんに言いました。「かさを売って、お正月のもちを買ってくるよ。」それを聞いて、おばあさんは「じゃあ、待っています。いってらっしゃい。」と言いました。

　町の市場はにぎやかでした。でも、おじいさんのかさを買う人はいませんでしたから、おじいさんはもちを買うことができませんでした。夕方、だんだん寒くなって、雪が降ってきました。おじいさんがうちへ帰る途中で 大雪 になりました。道に 並んでいる おじぞうさんの頭や肩の上に雪がたくさん 積もって いました。おじいさんはおじぞうさんがかわいそうだと思って、持っていたかさをおじぞうさんに かぶせて あげました。でも、おじぞうさんは六人でかさは五つしかありませんでした。おじいさんは、自分のかさをぬいで、最後のおじぞうさんに かぶせて 、うちへ帰りました。

「みんなの教材サイト」(https://minnanokyozai.jp/) より (一部改訂)

このように、自分の理解をチェックして、理解が不足している部分を質問の形にする力は、対面聴解の時に大きな役割を果たします（「3-5．質問する」参照）。

(2) まちがい探し

　もう1つ「モニター」に働きかける活動を紹介します。次の【質問27】の活動を体験して、その効果を考えてください。

やってみましょう

【質問27】
「かさじぞう」（後半）（トラック26）の話には、まちがいが含まれています。聞いて、まちがいを探してください。まちがいは内容に関することで、文法などのまちがいではありません。
(1) まず、1回目の聴解では、まちがいの数を数えてください。まちがいの数はほかの人と同じでしたか。
(2) もう1回聞きます。今度は、まちがいのあるところで手をあげてください。
　（教師は、手があがった文が終わったところで、音声を止めて、なぜまちがっていると思うのか質問する。）

考えましょう

【質問28】
上の「まちがい探し」の活動では、ボトムアップとトップダウンのどちらの意味処理が多く使われたと思いますか。話し合ってください。

　まちがっている文が「まちがい」だと判断された理由を考えると、いずれもその文と先行テキストの内容が矛盾していることがあげられます。つまり、その文の意味をボトムアップで理解すると同時に、記憶している先行テキストの内容との矛盾を背景知識に照らして判断することが求められます。これは正にボトムアップとトップダウンの両方を相互に使いながら行う活動（「2-3．相互交流モデル」参照）だと言えます。このような活動も「モニター」のストラテジーを養成するために役に立つと思われます。

3-5. 質問する

　日常生活の聴解では、録音ではなく人と対面して聞く「対面聴解」が多いことは第1章で確認しました。対面聴解では、聞き取れなかったことや理解に不安がある部分などを直接話し手に質問できるのが、聞き手にとっては有利な点です。

(1) ペアで対面聴解

やってみましょう

【質問29】
＜ステップ1＞
「だし汁の作り方」についてのテキスト（トラック28～31）を1回聞いて大体の内容を理解したら、次は、聞き手の発話に注目してもう1回聞いてください。聞き手は次の(a)～(d)をどんなことばで言っていますか。

(a) 話し手の発話が理解できていることを示す
(b) 話し手の発話の一部分のくり返しや説明を求める
(c) 話し手の発話内容について自分が理解したことが正しいかどうか確認する
(d) 話し手の発話内容に対して反応する（例：驚き、感心、納得、共感など）

＜ステップ2＞
もう1回テキストを聞いて、スクリプト（次ページ）の下線部分を埋めてください。また、【　　】で示した聞き手の発話部分が(a)～(d)のどれに当たるか（　　）に記号を書いてください。(a)～(d)のいずれでもない場合は(e)と書いてください。

　対面聴解では、上の(a)～(d)をうまく使いこなすことが大事です。そのためには、次ページの【質問30】のように、ペアで情報を伝えるような活動をしながら練習すると効果的です。

「だし」って聞いたことがありますか。【いえ、何ですか。】(　)「だし」っていうのは日本のスープのことです。【＿＿＿＿、スープ】(　)味噌汁を作るのにも煮物を作るのにも「だし」を使って作ります。【ええ】(　)たとえば、「だし」で野菜を煮て、味噌を溶いたのが味噌汁です。【ああ、味噌汁を作るのに「だし」を使＿＿＿＿＿＿。】(　)ええ、で、煮物は、「だし」で野菜や肉や魚などを煮て、砂糖やしょうゆなどで味をつけたものです。【「にもの」＿＿＿＿＿＿】(　)野菜なんかを「煮る」「煮ます」「煮た物」、で、煮物です。【あ、はい、わかりました】(　)で、「だし」の材料ですが、昆布とかつおぶしです。【あのう、「こんぶ」っていうのは、聞いたことが＿＿＿＿＿＿＿＿＿＿】(　)あ、昆布は、海でとれる海草です。【ああ、＿＿＿＿＿、「のり」も海草ですね。「こんぶ」は「のり」のようなものですか。】(　)そうです、そうです。で、かつおぶしは「かつお」っていう魚を干して作るものなんですね。【はあ】(　)この位の大きさの堅いものですが、【はあ】(　)それを削って使います。【＿＿＿＿＿、「かつおぶし」っていうのは、小さい魚ですか】(　)いえ、小さくはないですよ。この位かな、大きい魚を切って干したものがかつおぶしです。【あ、はい。】(　)(後略)

【質問30】

ペアになって、＜ステップ１＞＜ステップ２＞の順番で進めてください。

＜ステップ１＞

１人の人が話し手になり、下の①～④いずれかの話題について話してください。(聞き手がよく知らない内容を選んでください。) もう１人の人は聞き手になり、聞いた話の内容を別の人に伝えられるようによく聞いてください。その際、聞き手は必要に応じて質問をしてください。(メモを取ってもかまいませんが、話し手が言ったことをすべて書き取るようなことはせず、要点やキーワード程度にとどめてください。) この対面聴解の様子は録音しておいてください。

①ゲームかスポーツのやり方　　　　　　②料理の作り方
③あなたの通勤（あるいは通学）経路の説明　④ある国の義務教育制度について

＜ステップ２＞

上の対面聴解の音声を聞いて、聞き手の発話部分を書き出してください。聞き手の発話は、それぞれ次のどれに分類できますか。

(a) 話し手の発話が理解できていることを示す
(b) 話し手の発話の一部分のくり返しや説明を求める
(c) 話し手の発話内容について自分が理解したことが正しいかどうか確認する
(d) 話し手の発話内容に対して反応する（例：驚き、感心、納得、共感など）
(e) その他

(2) ペア・ディクテーション[3]

初級の学習者が「話し手の発話の一部分のくり返しや説明を求める」方法を練習する活動として、「ペア・ディクテーション」を紹介します。次の【質問31】でこの活動を体験してみてください。

やってみましょう

【質問31】
＜ステップ1＞＜ステップ2＞の順番で進めてください。
＜ステップ1＞
まず、テキスト（トラック32～33）を聞いて、ペアで指示されるとおりのことをしてください。

＜ステップ2＞
次に、ペアの1人は(A)（41ページ）、もう1人は(B)のスクリプト（42ページ）を見て、まず自分で空白を埋めてください。それから、ペアでおたがいのスクリプトを見せ合わないようにして、口だけで読み上げながら答え合わせをしてください。あなたの空白部分の答えは相手の人が持っています。自分の空白部分の答えを確認するのに、どんな表現が必要ですか。

(A)
友だちと向かい合って座ってください。友だちに鉛筆かボールペンを＿＿＿＿＿＿＿＿＿て、あなたが持っているノートに字を書かせましょう。でも、友だちは手を動かしてはいけません。あなたがノートを動かして、字を＿＿＿＿＿＿＿＿です。では、やってみましょう。絵のようにひらがなの「る」を書いてみましょう。ここでCDを止めてやってみてください。どうですか。うまく書けましたか。あなたの＿＿＿＿＿＿＿＿から見ると字が反対なので、難しいでしょう。でも、これが＿＿＿＿＿＿＿＿です。あなたが自分でその字を書くようにノートを動かせばいいのです。その時、あなたがノートを＿＿＿＿＿＿＿＿ている右手の中指でその字を書くつもりでノートを動かすときれいに書けます。「そ」「り」「く」なども書いてみてください。

「○○の次は何ですか。」「今のところは○○でいいですか。」など、自分がわからなかった箇所を特定してくり返しを求めたり、確認したりする表現は、教科書で習う機会がなく、初級の学習者は使えないことが多いものです。そのような学習者には、こんな活動が有効です。この活動をする前に、「ペア・ディクテーション」のモデル会話（**トラック34〜35**）を聞かせて、聞き返しの表現を教えるなど、事前の指導をするといいでしょう。

一方、日本語運用力の高い学習者ほど「自分が理解したことが正しいかどうか確認する質問」や「話し手の発話内容に対する反応」を上手に使うと言われています。つまり、知らないことばについて質問したり、聞き取れなかったことをくり返してもらうだけではなく、内容に注目して、自分が立てた仮説を検証したり、理解に対する聞き手の反応を表したりすることがよりよい聞き手の条件だと言えます。知らないことばがあったら、すぐに質問するのではなく、少しがまんして聞き続け、次の①②の判断を行うことが大事です。
　①それがテキスト全体を理解する上で大事な部分なのかどうか
　②後続のテキストから意味を推測できないか
①でそれが大事な部分だと判断され、②で何らかの推測ができれば、「自分が理解したことが正しいかどうか確認する質問」が成立します。
　では、次に、①②の判断をした上で、「自分が理解したことが正しいかどうか確認する質問」（仮説検証の質問）をする練習を紹介します。

(B)
友だちと向かい合って座ってください。友だちに鉛筆かボールペンを持たせて、あなたが持っているノートに字を＿＿＿＿＿ましょう。でも、友だちは手を＿＿＿＿＿てはいけません。あなたがノートを＿＿＿＿＿て、字を書かせるのです。では、やってみましょう。絵のようにひらがなの「る」を書いてみましょう。ここでCDを止めてやってみてください。どうですか。うまく書けましたか。あなたの方から見ると字が反対なので、難しいでしょう。でも、これが簡単なのです。あなたが自分でその字を書くようにノートを＿＿＿＿＿ばいいのです。その時、あなたがノートを押さえている右手の中指でその字を書く＿＿＿＿＿ノートを動かすときれいに書けます。「そ」「り」「く」なども書いてみてください。

(3) 質問タイム[4]

考えましょう

【質問32】

テキスト（トラック36〜44）をチャイム音のところで区切りながら聞き、「質問タイム」を設けます。学習者には、わからないことばや聞き取れないところがあってもがまんして聞き、「質問タイム」では積極的に質問するように指示します。あなたの学習者だったら、どんな質問が出ると思いますか。

【質問32】の「質問タイム」の活動では、学習者はたぶん「猟」ということばが理解できないでしょう。「『りょう』は何ですか」という質問も悪くありません。さらに、「２人の男は山へ何をしに行きましたか」は、「りょう」という未知の語を文脈の中で考えているという意味で、もっといい質問です。また、「鉄砲」「山道」「鳥もウサギも」「晩ごはんは町で買う」などといった部分から推測して、「これはhunting（学習者の母語で）の話ですか」のような仮説検証の質問が出れば、もっといいです。

　「仮説検証の質問」と言っても、その概念を学習者に説明するのは簡単ではありません。しかし、実際にそんな質問が出た時には、「これはいい質問ですね」などと評価することで、学習者にもその概念が少しずつわかってくるものです。また、「質問タイム」の活動は、クラス全員でやることで、質問が苦手な学習者や仮説検証が苦手な学習者でも、ほかの学習者の質問を聞くことによって、それがモデルとなったり、刺激になって、効果的な質問について学ぶことができると思われます。

　この活動をするにあたっては、学習者が１つ１つのことばの意味よりも内容に引き込まれるようなおもしろいテキストを用意することも大事です。

3-6. 反応する

　「反応する」ということは、聞いた内容を自分の経験や背景知識と照合して、感想や評価を表現することです。たとえば、第１章で確認したように、郵便局に問い合わせ電話をした後、私たちは、郵便局のサービスについて、「思っていた以上に便利だ（あるいは不便だ）」「親切な（あるいは不親切な）対応だった」などのことを感じます。また、それによって、自分の荷物を送る方法を決めるなど、実際の行動を決めます。これが「反応する」ということです。まず、「反応する」ことを具体的なテキストの例で考えてみましょう。

【質問33】

【質問31】のテキストを聞いた後に、次のような質問をするとします。これらの質問に答える（つまり「反応」する）こととテキストの理解とはどんな関係がありますか。

　「ほかにどんな字でやってみたらおもしろいでしょうか。」
　「あなたの国の字でもできますか。みんなでできる字を１つ紹介してください。」

これらの質問に答えることは、いわばテキストで理解した情報を応用することです。このような活動をすることによって、テキストは、単に言語理解の素材であるだけでなく、生きた情報となります。
　「反応」は、聞いた内容を自分の背景知識と照合した結果出てくるものです。学習者は1人1人違う背景知識を持っていますから、「反応」も個人的なもので、正しい答えはありません。テキストを聞いた後、聞いた内容について、「あなたはどう思いますか。」「あなたはこの話が好きですか。なぜですか。」「あなただったら、どうしますか。」「この後、○○はどうすると思いますか。」など、各学習者の反応を表現させたり、学習者同士で反応を交換したりすることも、聴解活動の一部だと考えられます。
　学習者が成人であれば、複雑な反応や抽象的な思考を表現したいと思うことがあり、日本語で表現するには限界がある場合も少なくありません。学習者の母語が使えれば、母語で話し合うのも1つの方法です。一方、学習者の母語が使えない場合は、「どう思いますか」「どうなりますか」という質問ではなく、【質問33】のように、なるべく具体的な答えが出せるような質問を工夫してください。

【質問34】
「かさじぞう」のテキストを聞いた後に、学習者の反応を引き出すためには、どんな質問やタスクが考えられますか。

　テキストを聞いた後に、反応や評価をさせることは、聴解の授業を「聞く」ばかりでなく、「話す」「書く」などのアウトプットにつなげることにもなります。「反応」を授業に取り入れることで、聴解を「情報を受ける」という受け身の活動から「考える」「発信する」という能動的な活動にすることにもなります。

整理しましょう

【質問35】

下線部分に入れるのに適切なことばを下の □ から選んで書いてください。

　第3章では、6つの聴解ストラテジーについて、その役割と練習方法を紹介しました。まず、最初に紹介した「情報を選別する」ストラテジーは、そのテキストを聞く (1)＿＿＿＿ に合わせて、必要な情報を選んで聞き取ることです。「予測する」「推測する」ストラテジーでは、(2)＿＿＿＿ や (3)＿＿＿＿ を十分に活用することが大事です。「(4)＿＿＿＿ する」とは、テキストを理解するために「情報を選別する」「予測する」「推測する」といったことがうまく働いているかどうかチェックすることで、ほかのストラテジーをコントロールするという意味で、最も重要なストラテジーです。

　対面聴解では、「質問する」「(5)＿＿＿＿ する」というストラテジーが欠かせません。話し手と対面して話を聞くときには、話し手の発話が理解できていることを示すと同時に、理解できないことがあるときには、くり返しや (6)＿＿＿＿ を求めることが大事です。また、自分が理解した内容が正しいかどうか相手に確認したり、相手の話を聞いて感じたことや考えたことについて反応を示すことも重要です。つまり、聞くことは、一方的に情報を受けることではなく、聞き手が (7)＿＿＿＿ や反応を示すことによって成立するコミュニケーション活動なのです。

理解	説明	結果	方法	記憶	背景知識
過程	反応	目的	経験	モニター	文脈・場面

---

[1] 三國・小森・近藤 (2005) によれば、聴解の既知語率の閾値（聴解テキストを理解するのに必要な既知語の割合）は約93%。

[2] 「片側だけの会話」は、Rost(1991) で "one-sided conversation" という名前で紹介されている。

[3] 「ペア・ディクテーション」は、Rost(1991) で "pair dictation" という名前で紹介されている。

[4] 「質問タイム」は、Rost(1991) で "Question pauses" という名前で紹介されている。

4 授業計画の実際

4-1. 授業の流れ

第1章で日常生活の聴解で起こっている(1)～(7)について確認し、第3章では、☐で囲んだ各ストラテジーに焦点を当てた活動を紹介しました。

(1) 目的を持って、必要な 情報を選別 しながら聞く
(2) 聞きながら想像したり、先を 予測 したりする
(3) 聞いた内容を自分の背景知識や経験と照合する
(4) 知らないことばや聞き取れない部分がある
(5) 理解できないことは、 推測 したり、 質問 したりする
(6) 聞くことを通してことばを学習する
(7) 聞いた内容についてコメントするなど 反応 する
☆ 以上を実行する上で自分の理解を モニター する

ここでは、1つのテキストを授業で扱う際に、次の3段階に分けて、授業全体の流れを考えていきます。

①前作業：聞く前の準備をする
②本作業：テキストを数回にわたって聞いて理解する
③後作業：聞いた後に反応を表現したり、テキストから言語を学んだりする

聴解授業の流れを考えるに当たっては、私たちが日常生活の聴解で(1)～(7)を実行しているように、学習者にも(1)～(7)を実行させるように指導案を考えることが重要です。6つのストラテジーの指導を導入することも大事です。ただ、1つのテキストの指導案を考えるに当たっては、必ずしも6つのストラテジー全部を扱う必要はなく、そのテキストの特徴に合ったストラテジーを中心的に扱えばよいでしょう。コース全体の聴解指導を通して6つのストラテジーすべてが養成されるように考えていけばいいのです（コース全体のシラバスについては5-1で扱います）。

やってみましょう

【質問 36】
「かさじぞう」のテキスト（トラック 15 ～ 16、26）を使った授業例を体験してみてください。

かさじぞう

前作業 話を聞く前に、考えてください。

1. これから聞く話は「かさじぞう」と言う日本のむかし話です。「あみがさ」と「じぞう」は知っていますか。絵を見て確認してください。＜　　＞
2. 「あみがさ」は、何で作ると思いますか。何のために使いますか。＜　　＞
3. 「じぞう」は、よく道に立っています。何のためだと思いますか。＜　　＞
4. このおじいさんとおばあさんはどんな人たちだと思いますか。この絵からわかることを話し合ってください。＜　　＞
5. ②の絵を見てください。おじいさんはどこへ行くのだと思いますか。おばあさんに何と言ったと思いますか。＜　　＞
6. ①～④の絵を見て、グループでどんな話か考えてください。＜　　＞

本作業 では、話を聞いてみましょう。

7. あなたが考えた話とどんなところが違いましたか。<　　>
8. もう1回聞くときにあなたが知りたいことを質問にしてみましょう。
   <　　>
9. もう1回聞いて、次の質問に答えてください。<　　>
   9-1. おじいさんがあみがさを売りに行ったのは、いつでしたか。
   9-2. おじいさんは何を買いたいと思っていましたか。それは、なぜですか。
   9-3. おじいさんはおじぞうさんを見て、何をしましたか。それは、なぜですか。
10. 上の質問には答えられましたか。必要ならもう1回聞いてください。
    <　　>

では、話の続きを聞きます。

11. 次の「かさじぞう」(後半)**(トラック26)**の話には、まちがいが含まれています。聞いて、まちがいを探してください。まちがいは内容に関することで、文法などのまちがいではありません。<　　>

    (1) まず、1回目の聴解では、まちがいの数を数えてください。まちがいの数はほかの人と同じでしたか。

    (2) もう1回聞きます。今度は、まちがいのあるところで手をあげてください。あなたが「まちがい」だと考えた理由を言ってください。

もう1回聞いて、次の質問について考えてください。

12.「よういさ。よういさ。」というのはだれの声でしょうか。「よういさ。よういさ。」は、どんなときに言うことばだと思いますか。＜　　＞

13.「ドスン」というのは、どんなときにする音だと思いますか。次の音は、どんなときにする音でしょうか。左と右を線でむすんでください。
＜　　＞

　　ドスン　　・　　　　　　・コインをおいたり、おとしたりしたとき

　　チャリン　・　　　　　　・ドアをつよく閉めたとき

　　ガチャン　・　　　　　　・ガラスをわったとき

　　バタン　　・　　　　　　・重いものをおいたとき

上の質問には答えられましたか。必要ならもう1回聞いてください。物語の内容がわかったら、次の活動にうつってください。

後作業

14.絵を見ながら、テキストの話を自分のことばで話してみましょう。1つの絵について、1人の人が話し、次の人が続きを話すようにして、クラス全員で協力して最後まで話してください。＜　　＞

15.次は、テキストを見ながら聞いてみましょう。あなたが話したときに使わなかったことばは何ですか。＜　　＞

16.このむかし話は人々にどんなメッセージを伝えようとしていると思いますか。あなたの国にも同じような話があったら、紹介してください。
＜　　＞

「みんなの教材サイト」（https://minnanokyozai.jp/）から授業例を作成

考えましょう

【質問37】

「前作業」「本作業」「後作業」に分けて書いた「授業計画のガイドライン」（次ページ）を見てください。「かさじぞう」授業例の活動はガイドラインのどの項に焦点を当てたものだと思いますか。＜　　＞にガイドラインの各項目の記号を書いてください。記号は2つ以上でもかまいません。

授業計画のガイドライン

前作業

(a) テキストの内容について学習者が持っている知識や情報、経験を引き出す。

(b) テキストに関連した絵や写真を利用して、内容を予測させる。

(c) キーワードを確認する。ただし、知らない語をすべて説明するのではなく、文脈から推測できそうな語は本作業で推測させる。

(d) 聞く前に質問を与え、聞き取りの目的を意識させる。

本作業

(e) 聞く前に予測したことが正しかったかどうか確認させる。

(f) 1回目に聞くときは大意をとることに集中させ、細部の理解は2回目以降の聞き取りで確認する。

(g) 知らない語や聞き取れなかった部分を推測させる。

(h) 十分理解できなかったことについて質問させるなど、自分の理解をモニターする習慣をつける。

後作業

(i) 聞いた内容について意見や感想を言ったり、書いたりする。

(j) 聞いた内容に関連して学習者が持っている知識や情報を発表させる。

(k) テキスト中の単語や表現を学習する。(テキストの空白埋め・*再話・ロールプレイなど)

*「再話」とは、テキストを聞いて理解したことを自分のことばで話すこと。「(k) テキスト中の単語や表現を学習する」活動については、「4-2. 聴解を習得につなげるために」でくわしく扱います。

ミニ実習

【課題2】

次の(A)(B)(C)3つのテキストを使って、「授業計画のガイドライン」を参考に、聴解授業の計画を立ててみましょう。

(A) お仕事は何ですか (トラック45〜50)

例) A：おはようございます。いつも、何時ごろ仕事に行きますか。

B：そうですね。8時40分ごろ学校へ行きます。授業が9時からですから。

A：授業は大変ですか。

B：いいえ、学生がうちでよく勉強してきますから、大変じゃありません。

A：うちで仕事をしますか。

B：もちろんです。うちへ帰ってごはんを食べてから仕事をします。だいたい2時間ぐらいですね。学生の作文を読みます。それから、明日の授業の準備ですね。

A：じゃあ、毎日、うちでも仕事をしているんですね。

B：ええ。もう、大変ですよ。

1. A：こんばんは。

   B：こんばんは。

   A：今、お帰り？

   B：ええ、そうなんです。

   A：お仕事は大変ですか。

   B：ええ、毎日、7時から8時まで仕事をしますから。

   A：朝は？

   B：いつも6時に起きます。うちから会社まで2時間もかかるんです。

   A：まあ、2時間も。

   B：ええ。電車の中では、新聞を読みます。

   A：そうですか。毎日大変ですね。

2. A：こんにちは。さっそくインタビューさせていただきますが、いつも何時に起きますか。

51

B：そうですね。朝は練習がありますから、5時ごろには起きますね。

A：早いですね。朝ごはんは食べませんか。

B：練習の後食べます。

A：そうですか。たくさん食べますか。

B：もちろんですよ。練習の後のごはんはおいしいですよ。

A：どのくらい食べますか。

B：そうですね。ごはんは丼で5、6杯ぐらい、それに肉、野菜、魚などを食べます。

A：たくさん食べますね。ごはんの後は何をしますか。

B：寝ます。2、3時間ゆっくり寝ます。

A：それから、昼ご飯を食べますか。

B：いいえ、昼ごはんは食べません。

A：じゃあ、1日に何回食べるんですか。

B：朝ごはんと晩ごはんの2回です。でも、たくさん食べますよ。

A：だから、体も大きいんですね。今日はどうもありがとうございました。これからも頑張ってください。

B：はい、頑張ります。

3. A：あっ、こんにちは。

B：こんにちは。

A：わあ、きれいですね。

B：いいえ、そんなことありません。

A：その服はあなたのですか。

B：いいえ、これは仕事の服です。私のじゃありません。私の服はうちにあります。

A：きれいな服がたくさんありますか。

B：ええ、そうですね…くつも服もたくさんありますね。

A：そうでしょうね。いいなあ…いつもどんなものを食べますか。

B：だいたい野菜サラダを食べます。肉やケーキは食べません。

A：お酒は。

B：全然飲みません。たばこも吸いません。

A：夜は、何時ごろ寝ますか。

B：そうですね…だいたい7時か8時ごろです。毎日たくさん寝ますよ。

A：ああ、だからいつもきれいなんですね。

4. A：田中さん、おはようございます。

B：あ、おはようございます。

A：田中さんは日曜日も仕事をしますね。

B：ええ、日曜日も雨の日も仕事をします。休みはありません。朝、早いんですよ。

A：大変ですね。朝は何時に起きますか。

B：4時ごろ起きます。大変です。かばんもとても重いんです。

A：ああ、そうですね。新聞がたくさんありますね。

B：ええ、朝5時ごろ、毎日いろいろな人のうちへ行きます。

A：たくさんの人が新聞を読みますからね。

B：ええ。でも、私は元気です。毎日走ります。

A：がんばってください。

5. A：山本さんはいつ仕事をしますか。

B：夜ですね。

A：夜ですか。どこで仕事をしていますか。

B：新宿の銀行です。

A：うるさいですか。

B：いいえ、仕事は夜ですから静かですよ。

A：夜の何時ごろからですか。

B：そうですね。11時ごろから、朝の6時ごろまでです。

A：どんな仕事をしますか。

B：いろいろな部屋を見ますね。12時と3時の2回見ます。あとは、テレビを見ますね。それから新聞を読みます。

A：誰かいますか。

B：いいえ、いません。普通は全然、人は来ませんよ。私はいつも1人です。それから、眠い時は音楽を聞きますね。

53

A：夜は寝ませんか。

B：ええ、これが仕事ですから。私は夜は寝ません。

A：ええ、山本さんの仕事はどんな仕事ですか。

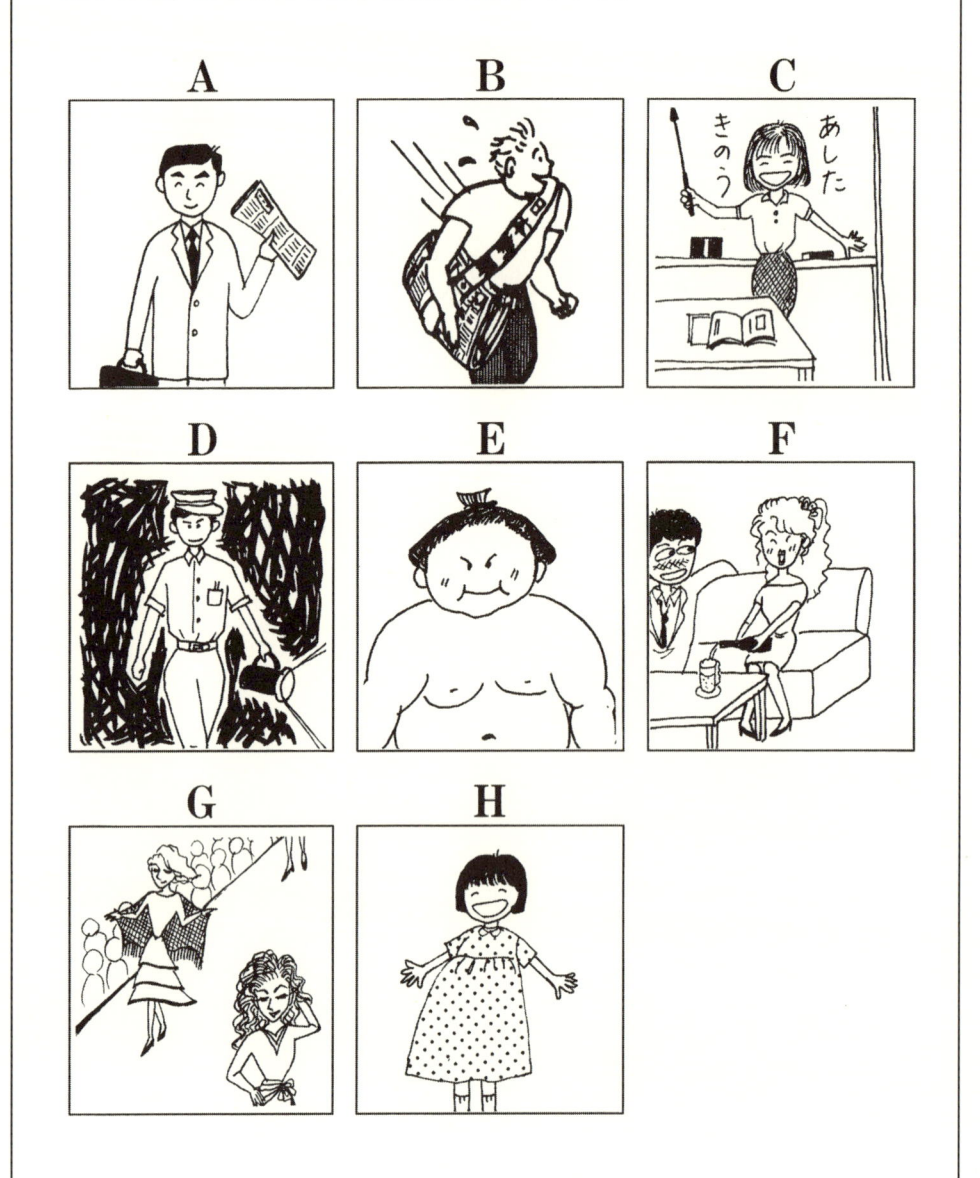

『新文化初級日本語聴解教材　楽しく聞こう I 』
（文化外国語専門学校）第6課「お仕事は何ですか」より

(B) トマト・スープの作り方 (トラック51〜52)

Track 51

【ね、このトマト・スープ、すっごくおいしかった。作り方、教えてよ。】いいよ。えっと、たまねぎはね、【あ、ちょっと待って。メモとるから。】いい?【うん】まず、たまねぎはね、薄切り【うん】で、にんにくも薄切りね。【うん】にんじんは、そうね、5ミリぐらいかな、の輪切りにして、10分ぐらい水にさらすの。それから、トマトなんだけど、【え、ちょっと待って。にんじんは切ったらどうするの?】水にさらすの、10分ぐらい。【あ、水にさらすのね。】そう。で、えーと、トマトはね、種と皮をとって、適当に角切りにするの。【はい、適当な大きさでいいのね。ところで、これ、分量はどのくらいなの?】あ、そうか、ごめん、分量忘れてた。えっとね、【うん】4人分だったら、【うん】たまねぎが1個、【うん】にんにくは一かけ、にんじんは、そうね、小さめだったら2本かな、大きいのだったら1本でもいいかも【OK】。トマトはね、2個ぐらい。【はい】あと、チキン・スープ2カップぐらい、水とスープの素でもだいじょうぶ。【はい】それから、牛乳1カップ【うん、うん、OK】。

Track 52

じゃあ、作り方ね。【うん】まず、なべにオリーブ・オイルを入れて、たまねぎとにんにくをいためるのね、【うん】で、たまねぎが少ししんなりしたら【うん】にんじんを入れるの。ここでね、ゆっくり時間をかけていためるのが大事みたい。【にんじんは、ゆっくり時間をかける、と。】それから、トマトとスープを入れて【いっしょに入れていいの?】あ、トマト入れてつぶすように少し混ぜてから、スープ。で、15分ぐらいかな、煮て、にんじんなんかがやらわかくなったら、火を止めて、少し冷ますのね。【うん、で、後はミキサーにかけるんだ】そう、冷めたらミキサーにかけて、それをなべにもどして、牛乳を加えて、【火にかけて、牛乳を加える、と】そうそう、で、あとは塩で味つけ。【ふーん、意外と簡単だね。これ、冷たくしてもおいしそう】そうそう、夏は冷たくして飲むといいんだ。

(C) ニュース（トラック53〜56）

「地震」

　今日午後6時30分ごろ、東北地方に地震がありました。各地の震度は次の通りです。震度4は郡山、白河、震度3は仙台、福島、震度2は盛岡、会津若松などとなっています。この地震による津波の心配はありません。気象庁の観測によりますと、震源地は福島県沖で震源の深さはおよそ60キロ、地震の規模を示すマグニチュードは5.7と推定されています。

　この地震の影響で東北新幹線が一時運転を見合わせましたが、数分後には運転が再開されました。

「バス事故」

　埼玉県の吉川警察署に入った連絡によりますと、今日午前6時すぎ、埼玉県三郷市の県道で、路線バスとトレーラーが衝突しました。三郷市消防本部によりますと、この事故で、バスに乗っていた乗客と運転手の、合わせて25人が怪我をし、このうち、23人が病院で手当を受けているということです。

「いじめ」

　昨夜7時過ぎ、東京都杉並区永福町の踏み切りで、中学2年生の女生徒が電車にはねられて即死しました。

　警察の調べによりますと、この女子中学生は、電車が近づいているのにもかかわらず、遮断機をくぐり抜けて、線路内に入ったという目撃情報もあり、自殺ではないかとみて、学校関係者などから事情をきいています。

　同級生の話によりますと、この女生徒は学校で陰口を言われるなど、いじめられていたということです。しかし、学校側では「いじめがあったかどうかまだ確認されていない」としています。

「春一番」

　今日の日本列島は風の強い一日でしたが、気象庁は午後、中国地方と近畿地方で、春一番を観測したと発表しました。

> これは、日本海上にある低気圧に向けて、南よりの暖かい風が吹き込んだためで、広島地方気象台は午後2時に、大阪管区気象台は午後3時半に、春一番を発表しました。
> 　近畿地方の春一番は、昨年は3月に入ってからでしたから、今年は昨年より16日早いということです。
> 　春一番を告げるこの強い南風に、町を行く人たちはコートやスカートのすそを押さえながら歩いていました。
> 　きょうは全国的に気温が上がり、東京や仙台でも3月中旬から下旬の温かさとなりました。
>
> 　　　　　　　　　　三井豊子・堀歌子・森松映子著『ニュースで学ぶ日本語パートⅡ』（凡人社）より

4-2. 聴解を習得につなげるために

　ここでは、「授業計画のガイドライン」で「後作業」の1つとしてあげられていた「テキスト中の単語や表現を学習する」方法についてくわしく考えていきます。テキスト中の未習の単語や表現については、文脈・場面の情報や背景知識を使って推測できる場合が多いので、テキスト理解ができた時点では、それらの単語や表現はすでに「未習」ではありません。でも、そのままではすぐに忘れてしまう可能性も高いですから、この機会に覚えてほしい単語や表現については、「後作業」を通して学習を強化しておくのです。

(1) スクリプトの空白埋め

考えましょう

【質問38】
「後作業」で次のようにスクリプトの空白を埋める作業をするとします。やり方として、(1) 音声を聞きながら空白を埋める方法と、(2) まず自分で空白を埋めてから音声を聞いて正答を確認する方法が考えられます。(1) と (2) には、それぞれどんな効果がありますか。次の2つのテキスト例（【課題2】(A) より）のうち、1つは (1) の方法で、もう1つは (2) の方法で実際にやってみて、それぞれの効果や問題点を話し合ってください**（トラック45～46）**。

例1 A：おはようございます。いつも何時ごろ仕事に行きますか。

B：そうですね。8時40分ごろ学校へ行きます。授業が9時からですから。

A：授業は大変ですか。

B：いいえ、学生がうちでよく勉強して＿＿＿＿＿＿から、大変じゃありません。

A：うちで仕事をしますか。

B：もちろんです。うちへ帰ってごはんを＿＿＿＿＿＿仕事をします。だいたい2時間ぐらいですね。学生の作文を読みます。それから、明日の授業の準備ですね。

A：じゃあ、毎日、うちでも仕事をして＿＿＿＿＿＿。

B：ええ。もう、大変ですよ。

例2 A：こんばんは。

B：こんばんは。

A：いま、お帰り？

B：ええ、そう＿＿＿＿＿＿。

A：お仕事は大変ですか。

B：ええ、毎日、7時から8時まで仕事をしますから。

A：朝は？

B：いつも6時に起きます。うちから会社まで2時間も＿＿＿＿＿＿。

A：まあ、2時間も。

B：ええ。電車の中では、新聞を読みます。

A：そうですか。毎日大変＿＿＿＿＿＿。

『新文化初級日本語聴解教材　楽しく聞こうⅠ』（文化外国語専門学校）第6課
「お仕事は何ですか」より

　(1)の方法では、学習者は、音声を正確に聞き取り、それを文字にします。一方、(2)の方法では、学習者は、①まず自分の知識を使ってことばを書き、その後で、②音声を聞きながら自分の書いた答えが正しかったかどうか自分で確認します。言いかえれば、(2)の方法では、①で自分なりの仮説を立て、②でそれを検証することになるので、「ことばを学ぶ」という意味では、(2)のほうが効果的な方法だと言えます。

また、(1) では、聞きながら文字を書き取るには、音声を止めながら作業を行う必要があり、会話の流れがとぎれてしまいますが、(2) では、音声を聞くときにはすでに書いた文字をチェックするだけですから、(空白をあける箇所を工夫すれば)何回も録音を止める必要はありません。ただ、(2) の方法では、空白に入る可能性のある正答が複数あって、学習者の書いた答えがまちがっていなくても、音声と異なっている場合もあります。その場合、教師は学習者の書いた（音声とは異なる）正答を認めるなど、柔軟な対応が必要です。

【質問 39】

上で見た (2) の方法でスクリプトの空白埋めを行う場合、どんなところに空白を作るのが効果的でしょうか。上の体験を参考にして、「後作業」でスクリプトの空白埋めをデザインする条件について話し合ってください。また、下のスクリプトに空白を作るとしたら、どの部分を空白にしますか。空白にする部分に下線を引いてください。これは「後作業」で行うことですから、学習者はすでにテキスト内容を理解していることを前提に考えてください。

　昔々あるところに貧乏なおじいさんとおばあさんがいました。おじいさんは、毎日あみがさを作って町で売っていました。ある年の大晦日におじいさんはあみがさを五つ売りに行きました。出かける前におばあさんに言いました。「かさを売って、お正月のもちを買ってくるよ。」それを聞いて、おばあさんは「じゃあ、待っています。いってらっしゃい。」と言いました。

　町の市場はにぎやかでした。でも、おじいさんのかさを買う人はいませんでしたから、おじいさんはもちを買うことができませんでした。夕方、だんだん寒くなって、雪が降ってきました。おじいさんがうちへ帰る途中で大雪になりました。道に並んでいるおじぞうさんの頭や肩の上に雪がたくさん積もっていました。おじいさんはおじぞうさんがかわいそうだと思って、持っていたかさをおじぞうさんにかぶせてあげました。でも、おじぞうさんは六人でかさは五つしかありませんでした。おじいさんは、自分のかさをぬいで、最後のおじぞうさんにかぶせて、うちへ帰りました。

「みんなの教材サイト」(https://minnanokyozai.jp/) より（一部改訂）

自分で空白を埋めてから音声を聞いて確認する方法では、学習者はすでに理解した意味を「日本語ではどんな形式で表現するのか」について仮説を立てることになります。ですから、学習者が「聞いて理解できる」けれども「自分で産出するには不安がある」言語形式を取りあげるのが適当だと考えられます。具体的に空白を作る箇所は、学習者の既習項目や習得の段階によって異なりますが、①理解はできても産出には問題がありそうな箇所、②いまの段階で学習者に意識的に学んでもらいたい箇所を選んでください。

　上のような方法でスクリプトの空白を埋めることが言語習得のプロセスの中でどんな意味を持っているか考えてみましょう。下の図1-3の「インプット」から「アウトプット」までの流れは、「1-2．言語学習の中で聴解が持つ役割」で説明したように、言語習得のプロセスを表したものです。「①スクリプトの空白を埋める」「②録音を聞いて答えをチェックする」という作業について、教師側がしていることは「①理解できても産出できないアウトプットを要求する」、「②テキストの聴解で正答を示す」のように、□で示しました。一方、学習者がすることは、「①仮説を立てる」、「②仮説を検証する」のように、◯で示しました。教師ができるのは、アウトプットを要求したり、インプットを聞かせたりという外的な働きかけです。それに対し、学習者がアウトプットに際して仮説を立てたり、インプットを聞いて仮説を検証したりすることは、学習者の内部で起こるよう期待されることです。

①：スクリプトの空白を埋める活動
②：音声を聞いて答えをチェックする活動

[図: インプット → 理解できるインプット → 運用力 → アウトプット／②仮説を検証する ← ①仮説を立てる／②テキストの聴解で正答を示す ← ①理解できても産出できないアウトプットを要求する]

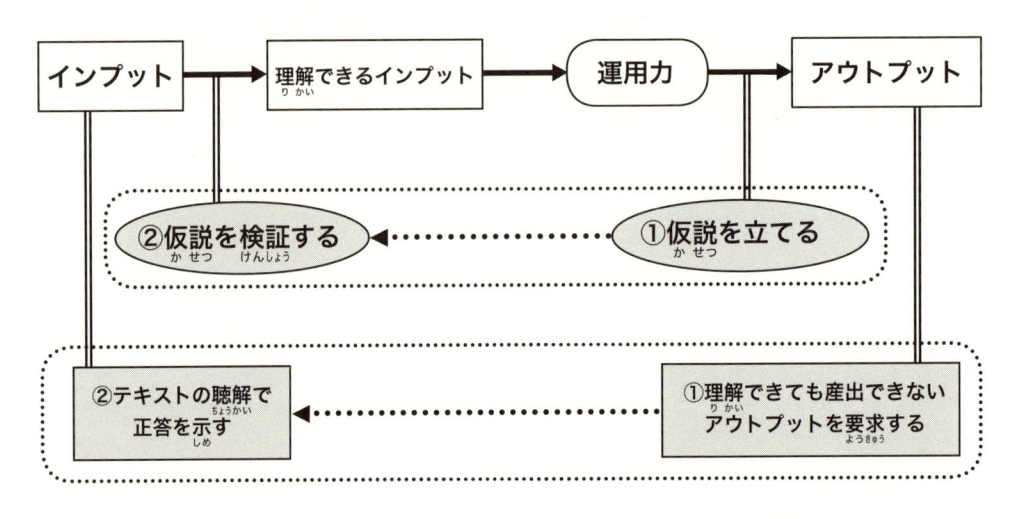

図1-3：「スクリプトの空白埋め」で教師がすること・学習者がすること

仮説検証によって、自分の仮説が正しいことがわかれば、学習者はその言語形式について自信を深め、習得をより確かなものにすることができます。一方、自分の仮説がまちがっていたことがわかれば、学習者は仮説を修正することになります。

(2) ロールプレイ

考えましょう

【質問40】
テキストが会話体の場合は、「後作業」でテキストを参考にしたロールプレイをさせるのも効果的です。【課題2】(A)（pp.51-54）でスクリプトとイラストを示した「お仕事は何ですか」という聴解の後にロールプレイをするとしたら、どんな設定が考えられますか。

【質問41】
学習者のロールプレイが終わった後、もう1回音声を聞くことによって、自分たちが行った発話の自己評価をすることも可能です。あなたが設定を考えたロールプレイの場合、もう1回音声を聞くことによって、どのような学習が起こる可能性がありますか。

「本作業」で音声を聞いた時には、内容を理解することを目的にしていたために気がつかなかった表現でも、自分たちがロールプレイをした後であれば、気がつくことがあります。

スクリプトの空白埋めの活動で考えた「①仮説を立てる」→「②仮説を検証する」という流れ（図1-3参照）は、ロールプレイの活動でも同じように実現できます。また、ロールプレイでは、仮説検証の後、さらにもう1回ロールプレイによるアウトプットを求めることが可能です。音声を聞いた後に、もう1回ロールプレイを行えば、学習者は、音声を聞いて気がついたことを生かして、「修正したアウトプット」をすることが期待されます。つまり、2回のロールプレイをすることで、①仮説を立てる（1回目のロールプレイ）→②仮説を検証する（テキストを聞く）→③仮説を修正する（2回目のロールプレイ）という流れが起こります（図1-4参照）。仮説検証の後のアウトプットでは、学習者はこんどは正しいアウトプットができる可能性が高く、こうした一連の活動をとおして習得を一歩進めることができます。

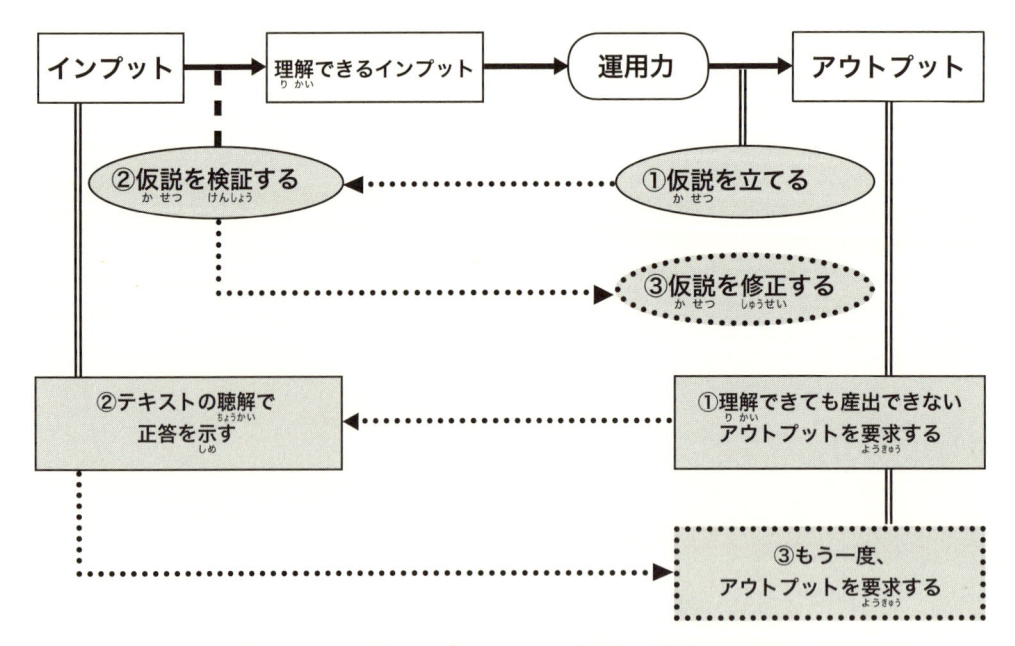

図1-4：アウトプットによる仮説の検証と修正

(3) 再話

テキストが会話体でなく、独話の場合は、テキストで理解したことを自分のことばで話す「再話」によって「①仮説を立てる」→「②仮説を検証する」という流れを実現することができます。

考えましょう

【質問42】

【質問36】で体験した「かさじぞう」の「後作業」では、次のような再話の活動がありました。実際にやってみて、(1)(2)について考えてください。

> 14. 絵を見ながら、テキストの話を自分のことばで話してみましょう。1つの絵について、1人の人が話し、次の人が続きを話すようにして、クラス全員で協力して最後まで話してください。
> 15. 次は、テキストを見ながら聞いてみましょう。あなたが話したときに使わなかったことばは何ですか。

(1) この活動を通して学習者はどんな言語表現を学べる可能性があるか。
(2) クラス全員で協力して再話をする場合とペアを組んで1人ずつ再話をする場合、それぞれの利点は何か。

(4) シャドーイング

　「後作業」で言語学習を強化する方法の1つとして、「シャドーイング」があります。「シャドーイング」とは、音声を「影（＝shadow）」のように追いかけながら再生することで、通訳のトレーニングの1つとして長く行われてきた方法です。現在は、言語教育でも広く行われるようになり、日本語学習用の教材も作られています。[1] この「シャドーイング」を聴解の「後作業」で行うことも効果があると思われます。

やってみましょう

【質問43】

まずは「シャドーイング」を体験してみてください。日本語非母語話者の方は、この本の中で扱った音声テキストを1つ選んで、「シャドーイング」をしてみてください。日本語母語話者の方は、英語など自分が学習したことのある言語で音声テキストを1つ選んで、試してみてください。学習者に「シャドーイング」をさせるに当たっては、どんな工夫をする必要があると思いますか。

　はじめて「シャドーイング」を行う学習者にとっては、聞きながら話すということはなかなか難しく感じられるかもしれません。はじめは、テキストの中でもやさしい部分を2〜3行程度選んで、やってみるといいでしょう。慣れないうちは、声を出さないで、頭の中だけで言ってみることから始めてもかまいません。また、難しく感じるときは、文字のテキストを見ながらやってもかまいませんが、くり返して練習し、最後は文字を見ないでできることを目標にしてください。

考えましょう

【質問44】

テキスト内容を一通り理解してから「後作業」で「シャドーイング」をすることで、どんな学習が強化されると考えられるでしょうか。話し合ってください。

4-3. 学習初期の聴解

これまで具体例として見てきた活動例は、いずれも初級中期以降の学習者を対象としたものでしたが、ここでは、日本語学習を始めたばかりの学習者について考えます。

考えましょう

【質問 45】
学習初期の聴解について、次の2つの意見があります。それぞれの意見について、賛成できる点と賛成できない点をあげてください。
(A) 聴解練習は、日本語の学習が始まると同時に始めたほうがよい。
(B) 聴解練習は、語彙と文法をある程度学習してから始めればよい。

　学習初期の学習者は、どんなテキストを聞いても内容を十分理解することができません。また、学習者が習った語彙や文法だけでテキストを作ると、内容が単純になってしまい、楽しい聴解授業ができません。しかし、聴解学習には「言語習得のためのインプットを得る」という大事な目的があり、**学習者が聞くことによって言語を学んでいる**という事実を忘れてはなりません（「1-2. 言語学習の中で聴解が持つ役割」参照）。

　学習初期に学べる「言語」は、確かに単語や短い表現だけです。ただ、それらを文字で見ながら学ぶだけではなく、**音として聞いて学ぶ**ことは非常に大事です。また、学習初期の聴解は、学習者の発音に大きな影響を与えるという意味でも重要です。発音（アウトプット）は、自然な音声インプットが与えられなければ習得できないのです。さらに、**理解できないものを含んだインプットを推測をとおして理解する**ことは、言語習得を進める上で大きな役割を果たします。知らない単語や聞き取れない部分があっても、自然な日本語の流れの中から理解できる部分を探し、全体の意味を推測する練習は、学習初期から始めましょう。以下では、学習初期の聴解活動について考えていきます。

(1) 単語レベルの聴解

日本語学習を始めたばかりの学習者は、多くの場合、初めに50音を学びます。そして、数時間後には身の回りの物の名前など簡単な単語を聞いたり、読んだり、言ったり、書いたりできるようになります。まずは、このレベルの学習者のための聴解について考えましょう。

【質問46】

次の (A)(B) 2つの練習を比べて、(B) にはどんな特徴と効果があるか話し合ってください。指示文はいずれも母語です。[2]

(A) の指示文：録音を聞いて、□にひらがなを書きなさい。**(トラック57)**

(A) のスクリプト：1. くつ　　2. かばん　　3. つくえ　　4. やま

(B) の指示文：次の3つに共通していることばは何ですか。□にひらがなで書きなさい。**(トラック58)**

(B) のスクリプト：1. きれいなくつ／新しいくつ／私のくつ

　　　　　　　　　2. かばんを買った／新しいかばん／皮のかばん

　　　　　　　　　3. 大きいつくえ／先生のつくえ／つくえの下

　　　　　　　　　4. 高い山／きれいな山／山に登る

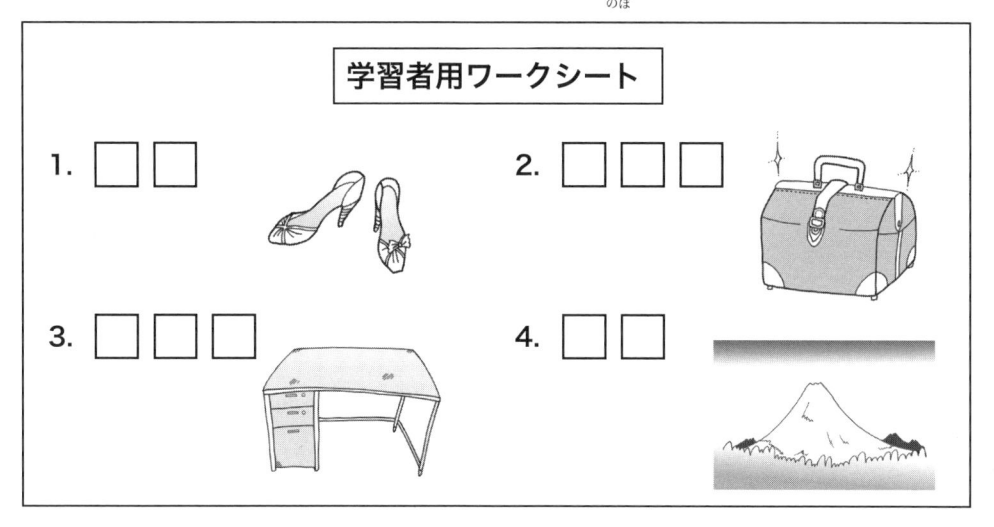

学習者用ワークシート

1. □□
2. □□□
3. □□
4. □□

【質問46】の (B) では、たとえば1の「くつ」の例で言うと、「くつ」も「きれいな」「あたらしい」「わたしの」のどれもが学習者にとって新しいことばかもしれません。でも、①3つに共通した音として「くつ」を聞きとり、②イラストによってそれが「くつ=shoes」の意味であることを知ります。②は (A) でも同じですが、①によって、雑音の中から聞き覚えのある音を選別すること、言いかえれば、理解できないイン

プットの中から理解できそうな音を選別することを経験します。また、イラストを見ながら「くつ」が3回くり返されることで、学習者の記憶の中で「くつ」の音と意味の結びつきが強化される効果もあります。さらに、「きれいな」「あたらしい」「わたしの」などはどれも初級でよく使う語ですから、意味を学習する以前から音だけでも聞いておくことは、実際にこれらの語を学習する下準備の役割を果たします。周囲に日本語のインプットがある学習者であれば、たとえ日本語学習の初日であっても、「何となく聞いたことがある」と感じるかもしれません。この段階では、「聞いたことがある」と感じる語を増やすだけでも十分な効果があります。

ミニ実習

【課題3】
上の【質問46】の(B)を参考に、基本的な動詞（例：食べる・飲む・話す・読むなど）を聞き取るタスクを作ってみてください。

(2) 文レベルの聴解

音のかたまりの中から単語をとらえることができるようになったら、文レベルの聴解が始まります。ここでも文を文字で理解するだけでなく、音から意味を理解する経験を重ねることが大事です。文字で理解する前に、最初から音を聞いて理解できるようにしましょう。

考えましょう

【質問47】
文法とは別に、早いうちから導入したいものとして「教室表現」があります。「みんなの教材サイト」（https://minnanokyozai.jp/）には、次のような導入方法が紹介されています。絵のようなジェスチャーは、あなたの学習者にとって適当ですか。もっと適当なジェスチャーやサインがあったら、紹介してください。また、このほかにあなたが教室でよく使う教室表現は何ですか。それらの教室表現についてもジェスチャーやサインを考えてください。

教師が教室表現を言いながら絵のようなジェスチャーをする。学習者がa～fの意味を理解したら、教師はジェスチャーなしで教室表現を言い、学習者はそれを聞いてジェスチャーをする。はじめはゆっくり指示して学習者のジェスチャーを確認し、だんだん速くして、学習者がすばやく動作できるように練習する。

a. 聞いてください。
b. 書いてください。
c. 読んでください。
d. 5ページをあけてください。
e. 言ってください。
f. 見てください。

「みんなの教材サイト」(https://minnanokyozai.jp/) より（一部改訂）

上の【質問47】で見た教室表現の導入方法は、TPR（Total Physical Response：本シリーズ第1巻『日本語教師の役割／コースデザイン』pp.42-44 参照）の方法論を応用したものです。TPRでは、耳で聞いて理解したことを身体の動きで表現することによって習得が進むと考えられています。

【質問48】
理解したことを身体の動きで表現する方法では、ほかにどんな文型や表現が適当ですか。

【質問 49】
聞いて理解したことを身体の動きだけで表現することには限界もあります。たとえば、次のような文の意味理解を表現する方法として、どんなことが考えられますか。

1. 私は6時半に起きました。7時にシャワーをあびて、8時に朝ごはんを食べました。…
2. 私の部屋にはベッドと机といすがあります。本棚と洋服ダンスもあります。机の上には、辞書や教科書、CDプレイヤーがあります。…
3. ハンバーガーを1つとフライドポテトを1つ、あとコーヒーを2つください。…（注文の表現として）

　文の理解を確認する方法としては、学習者が理解した内容を絵や図に描かせるなど、ことば以外の方法で表現させることが考えられます。また、食べ物や商品の注文や買い物の話題であれば、注文票や商品カタログに印をつけたり、数字を書き込むといった方法もあります。

【質問 50】
意味理解を確認する方法としては、母語に訳させることが伝統的に行われてきました。上で考えたような絵や表を使う方法は、母語に訳すことと比べて、どんな利点と欠点がありますか。

【質問 51】
絵や図表を活用して理解を確認する方法は、市販の聴解教材にも豊富に取り入れられています。また、市販教材に使われている絵や写真を利用して、聴解テキストを作ることもできます。たとえば、次に紹介する活動は、本来は会話練習のために用意されている絵ですが、この絵を聴解に転用することもできます。次の活動 (C) はその例です。**(トラック 60)**
*指示文は母語で。テキストは音声でなく、教師の発話で聞かせてもよい。

活動(C) ＊音声の内容と絵が合っていないところがあります。合っていない部分には絵に×印をつけてください。

A

エミリ　キム　ハリム　キャシー
マリー　ルイス　パメラ　ミン
アルン　スーザン

「みんなの教材サイト」（https://minnanokyozai.jp/）より（一部改訂）

(3) 文法を意識して聞く聴解

学習初期は、基本的な文法を次々と学ぶ時期です。文法を定着させるための練習を聴解によって行うこともできます。

考えましょう

【質問 52】

次の活動 (D) と (E) は、文法に焦点を当てた聴解練習です。それぞれどんな文法知識が焦点になっていますか。また、その文法知識については、①聴解練習の前に導入しておく、②聴解練習の後に導入するなど、その扱い方にいくつかの方法があります。①②それぞれの利点（あるいは問題点）について、話し合ってください。

Track 61　活動 (D)（トラック 61）

学習者用ワークシート	スクリプト
テープを聞いてから、aかbかえらんでください。そのあとでたしかめてください。	▼印には信号音が入り、そこでテープを止めて解答する合図。
例　a．います。 　　ⓑ．おちゃをのみました。	例　田中さんは部屋で▼ 　　田中さんは部屋でお茶を飲みました。
1．a．います。 　　b．べんきょうします。	1．あしたは図書館で▼ 　　あしたは図書館で勉強します。
2．a．います。 　　b．べんきょうします。	2．サリーさんは教室に▼ 　　サリーさんは教室にいます。
3．a．いてください。 　　b．たべてください。	3．大学の食堂に▼ 　　大学の食堂にいてください。

小林典子・フォード丹羽順子・高橋純子・梅田泉・三宅和子著
『わくわく文法リスニング 99』（凡人社）第 21 課より

活動 (E) (トラック62)

学習者用ワークシート	スクリプト
「〜ている」「〜ていない」が入っているときは○、入っていないときは×を書いてください。 例　男（○）　女（×） 1.　男（　）　女（　） 2.　男（　）　女（　） 3.　男（　）　女（　）	例　男：あの人、知っていますか。 　　女：いいえ、知りません。 1.　男：ペン、持っていますか。 　　女：いいえ、持っていません。 2.　男：もう、聞きましたか。 　　女：ええ、きのう聞きました。 3.　男：もう、聞きましたか。 　　女：まだ、聞いていません。

小林典子・フォード丹羽順子・高橋純子・梅田泉・三宅和子著
『わくわく文法リスニング99』第31課より

(4) 個人的な関心を持って聞く聴解

　市販教材には、魅力的な絵や写真がたくさんあり、楽しいタスクが用意されていて大変便利です。ただ、市販教材のテキストでは、架空の人物が話し手になっていて、学習者自身が参加する可能性のある会話として聞くことができません。一方、【質問49】のように、教師やクラスメイトが自分自身のことを語れば、話題としても自分たち自身の学校のこと、身近なレストランや店について聞くことになり、学習者がテキスト内容に個人的な関心を持って聞くことができます。以下では、教師やクラスメイトの発話を聞く聴解活動について考えます。

やってみましょう

次の活動(F)を体験してみてください。[3]

> 　教師は、学習者の関心や身の回りの状況を考えて＜サンプル＞のようなテキストを用意しておく。学習者は、教師が読み上げるテキストを聞いて、次のような指示（母語）にしたがって、手をあげる。「これから言うことがあなた自身のことに当てはまれば、手をあげてください。あなたのことと違えば、手はあげないでください。」

<サンプル>
1. 私は去年の誕生日に姉からプレゼントをもらいました。
2. 私は今年のクリスマスに母にプレゼントをあげるつもりです。
3. 父は毎月おこづかいをくれます。
4. こんどのバレンタイン・デーにはボーイフレンドにプレゼントをあげます。
5. お正月には毎年おとしだまをもらいます。
6. 花束のプレゼントをもらったことがあります。
　・
　・
　・
x.

　活動(F)では、学習者によって手をあげる箇所が違い、正しい答えはありませんが、聞いた内容に個人として反応することで、「反応」のストラテジーを自然に使うことができます。反応の方法は、「手をあげる」だけでなく、状況や好みに応じて、「立ち上がる」「紙に○を書く」など、ほかの方法でもかまいません。

【質問53】
活動(F)を次の(1)(2)の文型に応用し、あなたの学習者が自分たち自身の関心を持ってテキストを聞き、反応を表現できる文例を考えてください。

(1) 〜たことがあります
(2) 条件の「と」「ば」「たら」

　文例は、教師が考えるだけでなく、学習者に作らせることもできます。その場合は、学習者に書かせた文例を回収し、まちがいがあれば修正して使います。また、単文だけでなく、少し長さのある文章を使って次のような活動をすることもできます。作文の時間などに学習者が書いた文章を（まちがいがあれば直した上で）クラスで「これは、だれが書いた作文だと思いますか。考えながら聞いてください。」と言って、教師が1つずつ読み上げます。たとえば「夏休みの経験」や「将来のゆめ」について書いた作文なら、学習者はクラスメイトの趣味や性格などを思い起こしながら楽しんで聞くことができます。[4]

(5) 自然な日本語の活用

学習初期の学習者にとって、自然な日本語はほとんど雑音のかたまりのようなものです。でも、学習初期からなるべく自然な日本語を聞かせ、その中から少しでも理解可能なことばを聞きとる経験は、「聴解がこわくない学習者」を育てるために重要なことです。本来は初級中盤以降の学習者のために作られた聴解教材を活用して、初級初期の学習者のためのタスクを設定することもできます。

考えましょう

【質問 54】

簡単な名詞、動詞、形容詞を使った単文を学習したレベルの学習者を対象に次のような会話を聞かせるとしたら、どんなタスクを設定しますか。(トラック 63)

---

① A：キャンプはいかがでした？
　B：天気もよかったですし、人も少なくて、よかったですよ。
　A：それはそれは。

② A：ハワイ、どうでした？
　B：それが、日本人が多くてね。それに、思っていたより物価も高くって。
　A：そうでしたか。

③ A：京都に行ったんだよね。どうだった？
　B：もう最高。さすが、京都だね。
　　あんなに歴史がある町は、京都だけだね。やっぱり、一番日本らしいよ。
　A：行ってよかったね。

④ A：北海道旅行、どうだった？
　B：食べ物は何でもおいしかったんだけどね。もう、寒くて寒くて。
　　おまけに、手袋までなくしちゃってさー。
　A：そうだったんだ。

ボイクマン総子・宮谷敦美・小室リー郁子著
『聞いて覚える話し方 日本語生中継 初中級編1』（くろしお出版）第4課「重要表現」より

4-4. 録画の活用

考えましょう

【質問55】
動画を使った聴解は、音声だけの聴解と比べて、どんな利点がありますか。また、注意すべき点があるとすれば、どんな点ですか。

【質問56】
動画には、映像と音声という2つの情報源があり、①映像のみ、②音声のみ、③映像と音声の両方という3種の使い方が可能です。①を③、②を③と組み合わせる使い方には、それぞれどんな効果がありますか。

　動画の特徴を生かした教室活動としては、次のようなものがあります。あなたの身近にある動画のどの部分を使えば次の教室活動ができるか、話し合ってください。なお、(a)〜(d)の活動は、Stempleski, S. & Tomalin, B. (1990) Video in Action に（　　　）内の名称で紹介されています。

(a) 物語の途中を想像する (Fill that video gap)：ドラマの途中部分を飛ばして見て、飛ばした部分の物語を想像する。

(b) 命題の○×問題 (True or false)：ドラマを見る前に「彼は彼女が好きだ」「○○が犯人だ」などの命題を提示し、その命題が正しいかどうか動画を見て判断させる。また、何を手がかりにしてそう判断したかを言わせる。教師は必要に応じてフィードバックする。

(c) キーフレーズに注目した聞き取り (What was the line?)：聞く前にいくつかのキーワードやキーフレーズをあげておき、そのキーワードやキーフレーズがどんなせりふの中で使われていたかに注意させる。（初級者向け）

(d) 文化をくらべる (Culture comparison)：短い映像を見て、その中で自分の国と違うと思ったことを3つあげる。たとえば、人物の服装、ジェスチャー、部屋や町の様子、自然現象、ことばの使い方など。後でクラス全体で共有し、必要に応じて教師が解説を加える。

(e) ドラマの一部分を選んで、アフレコ（映像に合わせて会話を行うこと）でロールプレイをする。

整理しましょう

【質問 57】

次の文章は、この章で考えたことを整理したものです。下線部分に適切なことばを書いてください。(3) と (5) には同じことばが入ります。

　第4章では、まず、1つのテキストを使った授業計画の立て方を実習しました。その際、前作業、本作業、後作業の3段階に分けてガイドラインを提示しました。前作業では、学習者の背景知識を活性化し、テキスト内容を(1)＿＿＿＿＿＿させるような活動を行います。本作業では、予測したことが正しかったかどうか確認したり、聞き取りの目的が達成されたかどうかチェックするなど、自分の理解を(2)＿＿＿＿＿＿させます。また、わからない部分について積極的に(3)＿＿＿＿＿＿させることも大事です。後作業では、聞いた内容について意見や感想を言うなど学習者の(4)＿＿＿＿＿＿を表現させます。また、テキストに出てきた言語項目に焦点を当てた学習活動は、この段階で行います。

　次に、学習初期の聴解指導について考えました。知らない単語や表現を含んだインプットを(5)＿＿＿＿＿＿を通して理解することは、学習初期から始めたほうが効果があると思われます。

　さらに、学習者の関心が高い動画について、映像と(6)＿＿＿＿＿＿の両方があるという動画の特徴を生かした教室活動を紹介しました。

　最後に、テキストから言語を学ぶために、スクリプトの空白埋め、(7)＿＿＿＿＿＿、(8)＿＿＿＿＿＿などの練習方法の効果について考えました。

　次の章では、コース全体の聴解指導計画を扱います。

---

[1] 斉藤仁志・吉本惠子・深澤道子・小野田知子・酒井理恵子（2006）『シャドーイング：日本語を話そう・初～中級編』くろしお出版

[2] 尹松・労軼琛（陸留弟主編）(2008)『日語聴解教程』第1冊の活動をアレンジした。

[3] この活動は、Ellis (1995) が interpretation task として紹介する活動をアレンジした。

[4] 自分の作文がクラスの前で読みあげられることをいやがる学習者もいるため、作文をこのような活動に使う場合は、あらかじめ学習者に知らせておく必要がある。

5 コース計画の実際

第5章では、さまざまなテキストを組み合わせてコース全体の聴解指導をどのように計画するかについて考えていきます。

ふり返りましょう

【質問58】
あなたが教えているコースでは、「聴解」「聴解会話」など、特に聴解に焦点を当てた授業時間を設けていますか。あるいは、ふつうの日本語クラスの中で聴解も指導していますか。聴解に焦点を当てた時間を設ける場合の長所と短所をあげてください。

コースの中の扱いに関わらず、聴解力の養成には、次の3点が大事です。
(1) コース全体を通して、聴解のために十分な時間を使う。
(2) 「聞く」ことを「話す」「読む」「書く」など他技能と組み合わせて授業を行う。
(3) **さまざまなテキスト**を使って、学習者に**さまざまな聞き方**を体験させる。

以下では、特に(3)に焦点を当てて、コース全体の聴解指導計画について考えていきます。

5-1. 聴解指導のシラバス

考えましょう

【質問59】
「さまざまなテキスト」とは、どんな観点から考えることができるでしょうか。第3章、第4章で扱った次のテキストは、どんな観点から分類することができますか。できるだけ多くの分類方法を考えてください。
(a) 大学生の自己紹介 (p.24)（トラック6〜8）

(b) 注文の多い料理店（p.125）**（トラック 36 ～ 44）**

(c) どんなストレスに弱い？（p.29）**（トラック 17）**

(d) 大相撲博物館（p.123）**（トラック 24 ～ 25）**

(e) うまく書けましたか（p.124）**（トラック 32 ～ 33）**

(f) かさじぞう（p.28）**（トラック 15 ～ 16）**、（p.103）**（トラック 27）**

　テキストの種類はいろいろな観点から分類することができますが、聴解テキストの多様性を考える際に役に立ついくつかの観点を紹介します。

(A) 話者の数：1人（独話）・2人（対話）・3人以上（会話）
(B) 対面／非対面：聞き手は話に参加できるか（話し手に質問をすることができるか）
(C) メディア（情報の媒体）：音声・動画・教師の発話・学習者の発話など
(D) テキスト・タイプ：社交会話・情報伝達・物語・議論など
(E) 話題・場面：家庭・教育・仕事・趣味・芸術・社会・環境・歴史・地理・異文化など
(F) そのテキストで練習できる主なストラテジー
(G) 学習者用の音声・動画か、実際の言語使用の音声・動画（生教材）か
(H) テキストの難易度

【質問60】

上の (a)～(f) のテキストを次のページの表1に整理し、上の (A)～(F) の観点から分類してください。「(F) ストラテジー」の欄には、この本の中で紹介した活動が焦点を当てたストラテジーを書いてください。上の観点 (G)(H) については、後で考えます

【質問61】

あなたが教えるコースで使っている聴解テキストを79ページの表2に整理し、上の (A)～(F) の観点から分類してください。「(F) ストラテジー」の欄には、そのテキストを使ってどんなストラテジーを練習することができるかを考えて書いてください。

第1章でも確認しましたが、日常生活での聴解はほとんどが対面で行う聴解ですから、授業にも対面聴解を取り入れるのは大事なことです。対面聴解なら、ジェスチャーや顔の表情など非言語の情報も伝えられます。教室での対面聴解としては、教師の発話か学習者（クラスメイト）の発話を聞くことが考えられます。教師の発話なら、学習者のレベルや反応に合わせて、使う単語や表現を変えたり、話す速度をコントロールすることもできます。また、あいづちや反応を示しながら聞く練習をするためには、ペアによる学習者同士の対話を聴解に取り入れることも必要です。

表1

テキスト名	(A) 話者の数	(B) 対面/非対	(C) メディア	(D) テキスト・タイプ	(E) 話題・場面	(F) ストラテジー
(a) 大学生の自己紹介	独話	非対面	音声	社交会話	家庭・教育	情報選別
(b) 注文の多い料理店						
(c) どんなストレスに弱い?						
(d) 大相撲博物館						
(e) うまく書けましたか						
(f) かさじぞう						

表2

テキスト名	(A) 話者の数	(B) 対面/非対面	(C) メディア	(D) テキスト・タイプ	(E) 話題・場面	(F) ストラテジー

　テキスト・タイプや話題・場面には、いろいろな分類が考えられますが、p.77の(A)〜(H)の(D)(E)には、代表的な例をあげました。コース全体で扱う聴解テキストには、これらのテキスト・タイプや話題・場面をできるだけバランスよく取り入れてください。

　また、各テキストの活動に導入するストラテジーについても、コース全体をとおしてバランスよく練習できるようにすることが大事です。

(1) 市販教材と生教材

学習者用に録音・録画された市販の聴解テキストに対し、実際の日常生活の一部を録音・録画したものを、「加工していない」「そのまま」という意味で「生教材」と呼んでいます。ラジオやテレビの録音・録画も家庭や職場や街で録音・録画したものも「生教材」です。

考えましょう

【質問62】

あなたの周囲にある市販教材を数冊とりあげ、各教材に収められているテキストを表2のように整理してみてください。

市販教材のテキスト・タイプ、話題・場面、ストラテジーなどを整理してみると、その教材に収められているテキストのバラエティーを確認できます。1種類の教材だけを使っていると、テキスト・タイプやタスク・タイプがかたよりがちですから、複数の教材を組み合わせたり、生教材を組み合わせたりすることが大事です。

【質問63】

市販教材のテキスト（会話体のもの）を1つとりあげ、それと同じ話題・場面で行われる「生の」会話との違いをできるだけ多くあげてください。

学習者用に作られた音声テキストを「自然さ」という観点から見ると、発話の速度、発音のしかた、文や談話の特徴から周囲の雑音まで、さまざまな面で問題があることがわかります。「生教材」は（特に初中級の学習者には）難しいという印象が強いのに対し、市販教材は学習者に「やさしく」作られています。しかし、同時に、そこでは多くの「自然さ」が失われています。学習者の日本語を学ぶ目的が自然な日本語を聞いたり話したりすることだとすれば、聴解にも「生教材」をできるだけ取り入れることが大事です。

【質問64】

「生教材」には、学習者にとって未習のことば、聞き取れないことばや表現がた

くさん含まれています。「生教材」を聴解指導に使うときには、どんな工夫が必要か、話し合ってください。

　まず、「前作業」をていねいに行うことが大事です。「生教材」は、現実の生活の中から切り取られたものですから、身近な話題や場面を選べば、学習者はかなりの背景知識を活用できるはずです。母語でのやりとりや文字、絵や写真を利用して、十分な予想を持ってテキストを聞くようにします。
　「本作業」では、タスクによって難易度をコントロールすることができます。すべて理解することを前提にせず、学習者が理解できそうな内容に焦点を当てて、「情報選別」のストラテジー（pp.23-25参照）を使うようなタスクを作ります。「生教材は難しい」という印象は残さず、「生教材でも聞き取れる部分がある」「生教材はおもしろい」と感じられることが大事です。「生教材」に慣れないうちは、やさしすぎるぐらいのタスクから始めて、自信を持たせるようにするのもいいかもしれません。

【質問65】
ラジオやテレビ、インターネットからの音声・動画を生教材として使うとしたら、どんな番組が適当でしょうか。ラジオ・テレビの番組表などを見ながら、話し合ってください。

【質問66】
あなたの身の回りで教材のための録音・録画をするとしたら、どんな人たちのどんな場面の会話が考えられますか。

(2) テキストの難易度

考えましょう

【質問67】
テキストの種類を考える際にあげた次の(A)〜(E)は、テキストの難易度にも影

響があります。それぞれの項目についてどんな条件が難易度と関連するのか、話し合ってください。

(A) 話者の数
(B) 対面／非対面
(C) メディア
(D) テキスト・タイプ
(E) 話題・場面

　テキストの難易度には、大きくわけて(1)言語面の難易度と、(2)内容面の難易度があり、それらを調節するものとして、(3)タスクの難易度があります。
　(1)言語面の難易度は、語彙、文型、発話の速度、ポーズの長さ、発音の明瞭さなどに加えて、上記の(A)(B)(C)(D)も影響を与えます。学習者用の市販教材は、言語面の難易度に関わる要素をコントロールして作られています。
　(2)内容面の難易度は、主に(E)の影響が強く、抽象度の高い話題、学習者にとってなじみのうすい場面は一般に難しくなります。初中級の学習者のためのテキストは、難易度を低くしようとするために、テキスト・タイプや話題・場面がかたよってしまいがちです。しかし、テキストとしては難しいものでも、タスクによって活動の難易度を調節することができます。「前作業」をていねいに行う、「本作業」では「情報選別」のストラテジーを使うようにする（たとえば【質問54】参照）など、タスクを工夫して、できるだけ多様なテキストを取りあげていきましょう。

5-2. 聴解力の評価

　次は、聴解力をどのように評価するかについて考えます。「評価」には、入学試験、資格試験、研究のための評価など、さまざまな種類がありますが、ここでは、毎日の学習や教育の改善を目的とした評価を中心に考えていきます。

ふり返りましょう

【質問68】
あなたは学習者の聴解力を評価するのに、どんな方法をとっていますか。それは、

■ 学習や教育の改善にどのように役に立っているでしょうか。

　日々の授業で質問に答えさせたり発表させたりすること、宿題を出してチェックすること、日常的にクイズ（小さい試験）を行うこと、学期末に試験を行うこと、学習者に自己評価をさせることは、いずれも評価の例です。こうした評価を行うことによって、私たち教師は、学習者が指導したことを身につけたかどうかを調べ、また学習者の弱点を知って、それを今後の授業に生かします。一方、学習者は、評価によって、自分の力が伸びたことを知って自信をつけたり、弱点を知って今後の学習で力を入れるべき点を確認します。また、学習者は、自分の能力がどんな方法で評価されているかによって、学習の方法を変えたり、重点の置き方を変えたりします。つまり、評価は、学習者の学習を方向づける役割も持っているので、その方法は慎重に選ばなければなりません。

　評価には、試験という形式をとるものとそうでないものがありますが、まず、試験による評価から見ていきましょう。

(1) 試験による評価

考えましょう

【質問69】

日本語の標準試験としては、日本語能力試験がよく知られています。以下にある日本語能力試験（旧試験）[1] 3級の聴解問題例**（トラック64〜65）**を見て、次のことを考えてください。

(1) これらの聴解問題には、（日常の教室活動ではなく）試験としての条件を整えるために、どんな工夫がされていますか。

(2) このような聴解試験を行うことで、学習者のどんな能力を測ることができますか。

(3) このような聴解試験の問題点や限界は何でしょうか。

問題Ⅰの9番

　男の人と、女の人が話しています。この人たちのうちに、今あるものは何ですか。

　M：みんな、6時ごろ来るよ。もう準備はできた？
　　　おすしは？
　F：もうすぐ来るはずよ。頼んであるから。
　M：ビールは？
　F：冷蔵庫に入れてある。えーと、果物は中野さんが、持ってきてくれるし……。
　　　あ、そうだ。駅前のケーキ屋で、ケーキ買ってきて。
　M：わかった。

この人たちのうちに、今あるものは何ですか。

1 ビール	2 すし
3 ケーキ	4 果物

問題Ⅱの5番

　会社で、女の人と男の人が話しています。女の人は、どこへ山下さんを迎えに行きますか。

　F：課長、今から山下さんを迎えに行ってきます。
　M：山下さんは、新幹線でいらっしゃるの？
　F：いえ、飛行機です。飛行機は2時に着きますから、10分くらい前に
　　　行って、お待ちします。ホテルまでご案内してから、会社にもどります。
　M：そう。じゃあ、お願いしますね。

女の人は、どこへ山下さんを迎えに行きますか。

> 1．ホテルです。
> 2．空港です。
> 3．駅です。
> 4．会社です。
>
> 日本国際教育支援協会、国際交流基金編著
> 『平成16年度日本語能力試験　試験問題と正解　3・4級』（凡人社）p.22, p.104, p.108

　日本語能力試験のような標準試験の聴解問題では、世界各国の多数の受験者に対して公平で信頼できる結果を提供するために、たとえば、次のような工夫が行われています。

①採点を完全に客観的に行えるように、記述式の解答ではなく、多肢選択の解答にする。

②聴解力以外の要因（一般知識、記憶力、「読む」「書く」など他技能の力など）が結果に影響しないようにする。そのために、次のような方法や形式が選ばれている。

　○一般知識で正解が出せるような問題を作らない。また、いろいろな話題の問題を組み合わせる。

　○テキストのすべてを記憶していなくても正解が出せるように、質問は最初に出しておく。

　○解答するのに「読む力」や「書く力」が求められないように、絵やグラフによる選択肢か音声による短い選択肢を用意する。

③信頼性を高くするするために、十分な数の独立した問題を用意する。（たとえば1番の問題に答えられなければ2番の問題にも正解できないような問題の出し方はしない。）

　日本語能力試験では、このほかにも、絵の描き方や録音のしかたまで、細かい注意や検討を重ねて問題が作成されます。その結果、日本語学習の初心者から母語話者に近いレベルまでの長い過程の中で、学習者が現在大体どの位置にいるのかを知る方法として、非常に重要な役割を果たしています。また、自分の学習者のレベルをほかの学校やほかの国の学習者と比べたりすることができます。

　一方、日本語能力試験のような問題には、以下のような限界もあります。
①解答が多肢選択式なので、偶然に正解してしまうことがある。
②記述解答ではなく、絵やグラフ、短い選択肢の解答だけなので、細かい理解がチェックしにくい。
③正解できなかった場合の原因がわかりにくく、今後の学習に生かす診断が得にくい。

④授業で学習したことの直接的な達成度が評価しにくい（たとえば、授業で「モニター」や対面聴解の練習に力を入れても、それらの練習の成果を測ることは難しい）。

　日本語能力試験については、過去の問題や練習問題が多く市販されていますから、長期間（１年間程度）の伸びを測るのに活用するといいでしょう。しかし、試験と言えばいつもこのタイプの問題ばかりを与えていると、学習者が「聴解力とはこういう問題に正しく答えられることだ」というかたよった考え方を持ってしまう可能性があります。コースの中の評価では、日本語能力試験の限界を補うような問題も積極的に取り入れていくことが大事です。

【質問70】

総合的な学習成果を測ることが目的であれば、他技能を合わせて使う聴解試験でもいいと考えられます。また、学習者の母語が同じであれば、出題や解答に母語を利用することもできます。たとえば、次のテキストの内容理解をチェックする方法として、多肢選択以外にどんな問題が考えられますか。

Track 66

　年賀状にはよく動物の絵が描かれていますね。十二支と呼ばれる12の動物があって、今年はねずみの年、次は牛、その次は虎…というようにそれぞれの年の動物が決まっています。十二支の順番は、ねずみ、牛、虎、うさぎ、龍、へび、馬、ひつじ、さる、鶏、犬、いのししで、12年たつと、また、ねずみ、牛、虎…とくり返されます。日本には十二支についてのいろいろな話がありますが、福島県には、「十二支の中にねこがいない理由」という次のような話が伝えられています。

Track 67

　むかし、むかし、神さまが動物たちを呼んで言いました。「みんなの中から12の動物を選ぶことにしました。来年の１月１日の朝、わたしのうちへ早く来た順に選びます。そこで選ばれた動物は、順番に、12年に１度、その年のいちばんえらい動物になるのです。」

　それを聞いて、動物たちはみんな「12の動物に選ばれたい」と思いました。ところが、ねこは神さまのうちへ行く日がいつか、わすれてしまった

のです。しかたがないので、ねこはねずみに聞きました。「ねずみさん、神さまのうちへ行く日はいつか、おぼえていますか。」ねずみは、「ねこさん、それは1月2日ですよ。」と言って、わざとちがう日を教えました。

Track 68

　1月1日の朝になりました。牛は歩くのがおそいので、前の晩に出発しました。ところが、朝、神さまのうちの前に着いたとき、牛の背中からねずみがとびおりてきました。ねずみは、こっそり牛の背中にのって来たのでした。ねずみは、「牛さん、どうもありがとう。でも、わたしがいちばんですよ！」と言って、牛より先に神さまのうちに入ってしまいました。それで、いちばん早く神さまのうちに着いた動物は、ねずみになってしまったのです。牛の次には、虎、その次にはうさぎが来ました。馬や犬は走るのははやいですが、朝早く出発しなかったので、最後のほうになってしまいました。こうして、12の動物がきまりました。

Track 69

　次の日の朝、ねこが来ました。ねこは、ほかの動物たちがいないので、自分がいちばんだと思って、よろこびました。でも、神さまに、「12ひきの動物はもう決まってしまいましたよ。」と言われて、おどろきました。ねこは、ねずみが自分にちがう日を教えたことに気がついて、とてもおこりました。そのときから、ねこはねずみを見ると、いつもおいかけているのだそうです。

「みんなの教材サイト」（https://minnanokyozai.jp/）より（一部改訂）

　たとえば「ねずみはなぜいちばんになりましたか」などのように質問を用意するのは、代表的な理解チェックの方法です。その際、答えをすべて記述させるのではなく、たとえば「ねずみは（　　　　　　　　　）て、神様のうちまで行ったからです」などのように、答えの文に空白を作って完成させる方式にすることで、学習者が記述する部分が少なくなり、正答の判断がしやすくなります。一方、質問で理解を確認するには、次のような課題もあります。①質問では理解がチェックしにくいテキスト部分もある。②質問が内容理解のヒントになってしまう場合がある。

　テキスト全体の理解をチェックするには、「テキストを聞いた後で覚えていることをすべて書きなさい」という指示を出し、母語で再生させる方法もあります。

【質問71】

テキストを（母語で）再生させて理解を確認する方法の利点と欠点を話し合ってください。再生させる方法は、どんなテキストに適していますか。実際に上のテキストを再生してみて、お互いの再生文をくらべるなど、具体的に考えてみてください。

　「再生」は、質問やタスクの影響を受けずに、学習者が「何を理解したのか」を知るにはいい方法です。しかし、この方法では、記憶が結果に大きく影響しないように注意する必要があります。たとえば、上のテキストの第1段落では、十二支の種類や順番、「福島県」という地名の再生は知識や記憶によるところが大きいと考えられます。一方、第2段落以降は、「なぜ十二支にねこがはいっていないか」を説明する一連の物語になっているので、聴解ができていれば、記憶に大きな負担をかけずにあらすじを再生できる可能性は高いと考えられます。

　「再生」では、以上のようなことを考えて、適切なテキストを選ぶことが必要です。また、採点については、再生されるべき内容の要点をあらかじめ箇条書きにしておき、要点の中でも中心的な内容と周辺的な内容に分けて点数を配分するなどの工夫が必要です。

【質問72】

次のような手順で行うディクテーション（書き取り）を試験にした場合、どんな利点と欠点がありますか。実際にディクテーションをやってみて、考えてください。

①まず、テキストを自然な速度で一度読みあげる。
②次に、3〜5文節程度に区切って、少しゆっくりめに読んで書き取らせる。
③最後に、もう1度自然な速度で読んでチェックさせる。

　ディクテーションでは、「何を聞き取ったのか」を細かく確認することができます。しかし、書く力や文法能力も結果に影響します。また、採点に時間がかかるという問題があります。こうしたディクテーションの問題を解決する方法として、部分的に書かせる「声のクローズ」があります。第3章では推測の練習のために「声のクローズ」（pp.30-31参照）を紹介しましたが、試験では、ほかの部分が聞き取れていればかならず意味が推測できる部分を空白にして、テキスト全体の理解をチェックします。空白部分は書かせてもいいですが、選択肢から選ばせることもできます。

やってみましょう

【質問73】
「ぼうし売りとサル」という昔話のテキスト**(トラック70〜71)** で「声のクローズ」をやってみてください。1回目は空白部分を推測しながら全体の流れを理解し、2回目はチャイムがなったところで、空白部分のことばを下の下線部分に書いてください。

1. ＿＿＿＿＿＿て　　　　　　　　2. きのしたで ＿＿＿＿＿＿ ことにしました
3. だんだん ＿＿＿＿＿＿ くなってしまい　4. きのうえに ＿＿＿＿＿＿ てしまいました
5. ぼうしを ＿＿＿＿＿＿ て　　　　　6. ぼうしを ＿＿＿＿＿＿ た

　　ふだんの教室活動と近い活動を試験に導入することは、学習の達成度を測り、今後の教育や学習への指針を得るという目的のために重要です。対面聴解でのあいづち・反応・質問、ペア・ディクテーション、シャドーイングなどを試験に導入すれば、そうした活動に対する学習者の動機を高めることにもつながります。しかし、これらの活動を試験に用いる場合、採点をどうするかという課題があります。

考えましょう

【質問74】
対面聴解でのあいづち・反応・質問、ペア・ディクテーション、シャドーイングを採点する方法としてどんなことが考えられるか、話し合ってください。

(2) 試験以外の評価

ふり返りましょう

【質問75】
あなたは、試験以外にどんな評価を行っていますか。それは、どんな目的で行っているものですか。また、どんな効果があると考えられますか。

試験以外の評価としては、日常の教室活動や宿題の評価に加えて、自己評価、ポートフォリオなどが考えられます。これらの方法では、学習の達成度を客観的な数字で示すことは難しいですが、学習者によって異なる課題を明らかにするなど、各学習者の状況に合わせた評価が可能です。また、ほかの学習者と比べるのではなく、各学習者の個別の学習過程や達成度を明らかにできるという意味で、学習の動機づけにも適しています。

やってみましょう

【質問76】

あなたが日本語非母語話者であれば日本語について、日本語母語話者であれば別の外国語について、次の自己評価リストを使ってチェックしてみてください。

あなたは次のことがどのくらいできますか。1～5の番号を（　）に書いてください。

　1：ぜんぜんできない　　　2：少しできる　　　　3：大体できる
　4：かなりよくできる　　　5：まったく問題なくできる

(1) 買い物で（必要ならば聞き返すなどして）値段を聞き取ることができる。
　（　）

(2) ラジオの天気予報を聞いて、知りたい地域の天気が（晴れかくもりか雨かなど）理解することができる。（　）

(3) 友だちからの電話でパーティーについて連絡を受け、日時、場所、持っていくものなどについて理解することができる。（　）

(4) 駅から目的地までの道順の説明を聞いて、（必要ならば聞き返すなどして）理解することができる。（　）

(5) ラジオで有名な歌手へのインタビューを聞いて、歌手のプロフィールなど要点を理解することができる。（　）

(6) ラジオで事故のニュースを聞いて、事故が起こった場所、被害の状況について理解することができる。（　）

(7) 自分が関心のある分野の講義（目標言語の母語話者向け）を聞いて、ノートをとることができる。（　）

(8) テレビのドラマを細かいところまであまり問題なく理解することができる。
　（　）

考えましょう

【質問 77】

あなたの学習者がこのような自己評価表を学期の初めと終わりなど数カ月ごとに記入するとしたら、どんな効果が得られると思いますか。また、問題点があるとすれば、どんなことですか。

【質問 76】の (1) ～ (8) は、**can-do-statements**[2] と言われ、言語能力を「その言語を使って何ができるか」という観点から記述しています。学習者が日本語を学ぶ目的は、実際の生活や仕事などで「日本語を使う」ことですから、このような記述による評価は目的に合っていると言えます。このような自己評価リストを数カ月ごとに記入することによって、学習者は現在の自分に「できること」と「できないこと」を意識し、より現実的な目標を新たに立てることができます。このリストに記入した時点で、次の目標のために具体的にどんな学習をするか（例：毎日シャドーイングをする、特定の市販教材やテレビ／ラジオ番組を聞くことを習慣にする、意識的に聞き返しの質問をするようにするなど）を同時に記述させるといいでしょう。また、学習者自身に実際的な can-do-statements の項目を書き加えさせるのも効果的です。

一方、これはあくまでも自己評価ですから、この結果をほかの学習者と単純に比べたりすることはせず、各学習者の長期的な変化を学習者と教師が共有する目的で使うのが適当です。

【質問 78】

あなたの学習者のために can-do-statements 方式の自己評価項目を 5 つ以上作ってください。その際、次のことに留意してください。

①学習者の学習活動や日常生活を考えて、実際に経験したことがあるような項目にする。

②すべて同じレベルの項目にせず、比較的楽に達成できる項目から多少チャレンジングな項目まで含める。

③教師の観点から学習者にできるようになってほしい項目を含める。

国際交流基金が開発した JF 日本語教育スタンダード（https://jfstandard.jp/）では、

6レベル（A1からC2）のcan-do-statementsを納めた「みんなのCan-doサイト」（https://jfstandard.jp/cando/）というデータベースを提供し、レベルや技能、トピックなどによって「Can-do」が検索できるようになっています。海外の学習者で自然な環境で日本語に接触する機会が少ない場合は、教室内で行われる活動を項目に含めてもかまいませんが、次の例のように、できるだけ実際の生活の中での日本語使用が想像できるものにしてください。

　　　例：ほかの学習者の自己紹介（住んでいるところ、家族、趣味などについて）
　　　　　を聞いて理解できる。

　ポートフォリオ[3]（本シリーズ第12巻『学習を評価する』pp.106-117 参照）は、学習に関するさまざまな情報を入れておく「書類入れ」という意味で、学習経過の記録や成果物を保存しておくことです。具体的には、学習者1人ずつに紙ファイルや箱のような「書類入れ（ポートフォリオ）」を用意して、そこに学習記録を入れていきます。学習記録が電子化できれば、コンピューターの中に保存してもかまいません。

　ポートフォリオによる評価には、次のような特徴があります。
　①「部分」ではなく「全体」を評価する。
　②「結果」よりも「過程」を評価する。
　③長期間にわたる変化を評価する。

　聴解に関して、①②③の意味を考えてみましょう。①は、聴解活動の「部分」である特定のテキストの理解だけでなく、聴解活動「全体」として学習者がどんなことができるようになっているかを評価するという意味を持っています。②は、何が聞き取れたかという「結果」だけでなく、どのように聞いているかという「過程」を評価しようということです。つまり、聴解ストラテジーや学習方法、聴解への関心や意欲などにも注目します。③は、数カ月から数年という長期間にわたる聴解活動を続けて記録し、聴解力の向上や聞き方の改善に見られる変化を見ていこうとするものです。①②③は、どれも試験では測りにくい評価の側面で、ポートフォリオには、これまでの試験を補う役割が期待できます。

【質問 79】

ポートフォリオには、学習過程の成果として、たとえば会話や作文なら次のような資料を入れていきます。聴解では、どんな資料を入れることが考えられますか。3つ以上書いてください。

　　会話：ロールプレイ、インタビュー、スピーチなどを録音・録画したもの
　　作文：授業で書いた作文、エッセイ、手紙、日記など
　　聴解：_____
　　　　　_____
　　　　　_____
　　　　　_____

　学習者がどんな聴解活動を行い、そこでどんな問題にぶつかり、どのように問題を解決しているか、また、そこでどんなことを感じたり考えたりしたのか―学習者はこれらの記録をつけることによって、自分の学習上の課題や目標を意識することができます。一方、教師は、これらの記録を見ることによって、各学習者と課題や目標を共有し、必要があれば課題や目標を調整したり、その達成方法（学習方法）についてアドバイスします。

　ポートフォリオの評価では、A（十分目標を達成した）、B（大体目標を達成した）、C（努力のあとが見えるが、目標達成にはまだ距離がある）、D（目標に近づくにはもっと努力が必要）など、目標の達成度や努力の程度をレベルで示したり、具体的なコメントやアドバイスを返したりします。

5-3. 教室外学習のヒント

　すでに確認したとおり、聴解学習には、(1) 音声によるメッセージを理解する、(2) 言語習得のためのインプットを得るという2つの目的があります。(1) の向上のためには、言語知識を増やす、ストラテジーの練習をするなど意識的な学習のほかに、日本語の音声やそのバラエティーに慣れることが必要です。このためには、多くの音声メッセージを長時間聞くことが欠かせません。また、(2) のためにも音声メッセージを大量に聞くことが重要です。

　上のことを考えると、授業の中の限られた時間で行う聴解だけでは、十分とは言

えません。特に、海外の日本語学習者は、教室外で日本語に触れる機会がありませんから、教師が積極的に機会を提供する必要があります。また、国内の日本語学習者の場合も、教室外に豊富にある日本語の音声の中から現在の学習者にとって役に立つ聴解の機会について、教師のアドバイスが求められます。以下では、教室外の聴解学習について、考えます。

(1)「聞く宿題」

学習者の聞く機会を広げる1つの方法として、「聞く宿題」が考えられます。テープやCDなどの音声、テレビ／ラジオ番組、インターネットの音源サイトなどを指定して、自宅などで聞いてくることを宿題にします。

【質問80】

たとえば、次のテキストを聞くことを宿題にした場合、教室ではどんな理解確認やフィードバックが必要か話し合ってください。

みなさんは風呂敷を使ったことがありますか。風呂敷は非常にシンプルな真四角な布ですが、四角い箱はもちろん、スイカのように丸い物でも、2本のワインのびんでも、どんな形のものでもきちんと包むことができます。

それでは、風呂敷はいつごろから使われるようになったのでしょうか。

布で物を包むことはだいぶ古くから行われていたようですが、この布が風呂敷と言われるようになったのは江戸時代の中ごろからだそうです。そのころ江戸ではお風呂屋がたくさんできました。人々はお風呂に行くとき四角い布で、脱いだ着物を包んだり、お風呂から出たときにその布で足をふいたりしました。これが風呂敷のはじまりです。

本来、風呂敷は物を包むための布でしたが、最近は包むこと以外に帽子やスカーフなどとして利用する人もいます。風呂敷は使う人の工夫次第で、いろいろな使い方ができる便利な布なのです。みなさんもぜひ、いろいろな使い方をしてみてください。

宮城幸枝・三井昭子・牧野恵子・柴田正子・太田淑子著
『毎日の聞きとりplus40 上』（凡人社）第1課「風呂敷」より

市販の録音教材にはワークシートがついていることが多いですから、そのタスクをしてくることを宿題にすることも考えられます。教室外で自分の時間を自由に

使って聞くわけですから、自分のペースで何度でも聞くことができます。市販教材のワークシートにはたいてい解答もついていますから、ワークシートに正しく答えられたかどうかは、解答を見て自分でチェックさせ、教室では、何度聞いてもわからなかった部分について質問させる程度でいいかもしれません。

　教室では、教師やほかの学習者の存在を生かして、宿題として聞いてきたテキストの内容を報告として再話させる、ペア・ディクテーションのタスクをさせるといったことが有効です。再話させる場合、クラスの半分は違うテキストを聞いてくるようにしておき、違うテキストを聞いてきた学習者同士でペアを組めば、お互いに初めてのテキスト内容を新鮮な興味を持って聞くことができ、対面聴解の技能も練習できます。

　このような「聞く宿題」は、毎週（可能なら毎日でも）定期的に行い、長く続ければ、かならず成果があると思われます。国内の学習者（あるいは海外でも日本語のラジオ／テレビ放送を視聴することができる学習者）は、毎日あるいは毎週行われる番組を指定して「聞く宿題」を課し、教室では、理解した内容を報告するのも効果的です。

(2) リソース・センター

　図書館や談話室の一角など学習者が立ち寄りやすい場所に音声・動画教材をそろえたリソース・センターを作るのも有効な方法です。さまざまな音源が置いてあるリソース・センターでは、学習者が自分のレベルや興味にしたがって、自由にテキストを選ぶことができます。曜日や時間を決めてでも、教師がリソース・センターに駐在することができれば、各学習者に合った音源を選ぶアドバイスをすることができ、より一層有効です。

(3) インターネットの音源サイト

　日本語のラジオやテレビが視聴できない地域でも、インターネットにある音源サイトを利用すれば教室外の聴解を進めることができます。国際交流基金関西国際センターが運営する「NIHONGO eな」というウェブサイト＜ https://nihongo-e-na.com/ ＞では、インターネット上にある日本語学習に役立つウェブサイトやツールについての情報を提供しています。「聞く」「話す」といった技能別、「初級」「中級」「上級」のレベル別に検索ができます。

　教室外の聴解については、どんなテキストをどのくらい聞いたか、学習者に報告

を書いて提出させれば、教師は学習者の聴解活動をモニターすると同時にコメントやアドバイスを返すことができます。また、5-2で紹介したポートフォリオに一定期間（たとえば1学期間）に自主的に聞いたテキストのリスト、区切りの時期（たとえば学期の始めと終わりなど）のパフォーマンス（たとえば、母語での再生や再話、シャドーイングの録音など）を記録しておくと効果的です。

整理しましょう

【質問81】
次の文章は、この章で考えたことを整理したものです。下線部分に適切なことばを書いてください。

　第5章では、コース全体の聴解指導をどのように計画するかがテーマでした。まず、聴解指導のシラバスについて考えました。テキストを分類する観点として、話者の数、対面か非対面か、メディア（情報の媒体）は音声か (1) ＿＿＿＿＿＿ かあるいは教師や学習者の発話か、テキスト・タイプは何か、話題は何か、そのテキストで練習できる主な (2) ＿＿＿＿＿ は何か、学習者用の音声・動画か (3) ＿＿＿＿＿＿ か、テキストの難易度はどうかをあげました。シラバスを考える際には、これらの観点からバランスよくテキストを選ぶことが大事です。

　次に、聴解力の評価について考えました。客観的で信頼性のある試験として日本語能力試験を利用すると同時に、ふだんの教室活動と近い活動を試験に導入することも、学習の達成度を測り、今後の教育や学習への指針を得るという目的のためには大事なことです。また、試験以外の評価として、(4) ＿＿＿＿＿ による自己評価と (5) ＿＿＿＿＿ による学習記録を紹介しました。学習上の課題は学習者によって違いますから、各学習者の状況に合わせた評価をするという意味で、試験によらない評価は非常に重要です。

　最後に、教室外学習のヒントとして、宿題、(6) ＿＿＿＿＿、インターネットの利用について考えました。教室外学習も含めて、コース全体を通して学習者に多様な聴解の機会を提供していきましょう。

この巻を通してお伝えしたメッセージは、次の3点に集約されます。

1. 日常生活の聴解に多い対面聴解を聴解指導に取り入れましょう。
2. 聴解を通して言語を学ぶために、未習の単語や表現を含んだテキストを使いましょう。
3. 未習の単語や表現を含んだテキストを理解するためにストラテジーを練習しましょう。

---

[1] 日本語能力試験は2010年から新しく変わり、2009年までの試験を「旧試験」と呼んでいます。

[2] 三枝(2004)、島田・青木・浅見・伊東・三枝・孫・野口(2003)、島田・三枝・野口(2006) 玉岡・松下・元田(2002)、日本語教育学会(1999) を参照。

[3] 小田(1999)、横溝(2000) を参照。

《解答・解説編》

■【質問1】【質問2】【質問3】（略）

■【質問4】（解答）
（ア）2、（イ）4、（ウ）6、（エ）3、（オ）5、（カ）1、（キ）7

■【質問5】（略）

■【質問6】 本文解説参照

■【質問7】（解答）
(1) 対面聴解、(2)(3) 推測する／質問する／反応する（のうちいずれか2つ）、(4) インプット、(5) 背景知識、(6) 少ない（不足している）

■【質問8】（解説）
自分の名前を名乗っていないこと、「トモコ」と呼んでいることなどから、かなり親しい相手に電話していることがわかります。また、「晩ごはん何にしようか」と言っていることなどから、晩ごはんをいっしょに食べる相手（おそらく家族）に買い物の相談をしているらしいことなどがわかります。

■【質問9】（解答例）
○言い直し、言いかえ、言いよどみ、くり返しが多い。
○文末まで言わず、途中で終わる文が多い。
○特に2人以上の間で交わされる会話では、1人が話している途中でもう1人が話し始めるなど、発話の重なりがよくある。
○比較的単純な構文が多く使われる。
○文法的に不正確な文がある。
○倒置文が（書きことばと比べて）多い。
○省略が（書きことばと比べて）多い。
○音声は、話し手や発話の目的によって多様であり、音の脱落もよく起こる。

○声の高低やイントネーション、顔の表情、ジェスチャーなどによっても多くの意味を表現している。

【質問10】本文解説参照

【質問11】（略）

【質問12】（解答例）
(1) (a) フォーマルな話し方であること。

話題として次のような内容が入っている可能性が高いこと：
話し手と新郎との関係や思い出に残るエピソード／新郎の職場での様子―特に新郎のどんな点が職場で評価されているか／話し手が既婚であれば結婚生活へのアドバイス／話し手が未婚であれば新郎をうらやましいと思う気持ち、など

(b) 先週注文した品物が入荷したという連絡である可能性が高い。

(c) 友だち同士のインフォーマルな話し方であること／材料や作り方について（一方的ではなく）やりとりをしながら会話が進められること／聞き手はメモをとる可能性があること、など。

(2) 「村田君」が努力家であること、事前調査を熱心にやること、結婚式のスピーチなので新郎をほめることばが期待されることなどから、次のようなことが予測される。仕事がうまく行かなかった時でもやる気を失わずに努力を続けること／次のプロジェクトにはもっと熱心に事前調査をやること、など。

(3) 一例として、「……20日土曜日にご注文いただきましたお品物が入荷しております。ご都合のよろしい時にご来店くださいますようお願いいたします。」

(4) 【え、ちょっと待って。にんじんは輪切りにしてからどうするの？】【え、ちょっと待って。10分ぐらい何？　もう1回言って。】など。

【質問13】（解答例）
料理が得意な主婦のほうが料理に関する背景知識をたくさん持っているので、作り方の予測がうまくでき、よく記憶できる可能性が高い。

【質問14】（解答）
(1) 意味、(2) 小さい、(3) 大きい、(4)(5) 予測／推測、(6) 相互交流

【質問15】（解説）

スクリプトの「今井さん」の部分を例に考えます。(A)の質問に答えるために注目するのは、「家族は、両親と弟。弟は……お菓子を作るのが好きなんです。母が料理が好きで、……週末は母の料理が楽しみです。最近は弟がデザートを作るし。父も……けっこう庭のそうじとかするし……みんなでわいわいって感じです。」などの部分。一方、(B)の質問に答えるために注目するのは、「服飾デザイン科の2年生です。……いまは、デザイン実習がいそがしくて、けっこう夜まで大学に残ってることが多いんで、……」などの部分。(A)の質問に答えるつもりでテキストを聞いて、後で(B)の質問を与えられると答えるのが難しくなります。しかし、実生活の聴解では、聞く目的が最初からわかっているのが普通です。聴解授業でも、テキストを聞いた後で質問を出すのではなく、初めに質問を与え、何に注目して聞くかという目的を意識させてからテキストを聞かせましょう。

【質問16】（解答例）

○結婚式の写真を見せることにより、結婚式のフォーマルな雰囲気、スピーチの表現や話し方などを思い起こす。

○「スピーチをするのは、阿部純さんという20代後半の男性です。阿部さんは貿易会社の食品部で5年間新郎といっしょに仕事をしてきました。」など、実際の結婚式でスピーチの前に司会者が紹介するのと同じように話し手に関する情報を提供する。

○新郎・新婦の名前や経歴などを書いた短いテキストを読む。

○スピーチの初めの部分だけ聞いて、先を予測する。

○「結婚式のスピーチを聞いたことがありますか。どんな話でしたか。」「結婚式でスピーチをしたことがありますか。スピーチの内容を決める時、どんなことを考えましたか。」などの質問をすることにより、一般的に結婚式のスピーチに盛り込まれる内容に関する背景知識を引き出す。また、結婚式のスピーチでは、一般に新郎・新婦の性格や能力のすぐれた点を紹介することを確認した後、具体的にどんな点が紹介される可能性があるか、話し合う（実際に新郎の写真があれば、写真を見ながら新郎の性格を予測する）。

○ことばのリストを関連のあるグループに分けるタスクなどにより、知らない語を補ったり、忘れていた語や表現を思い出す。

例：次のことばの中で静かな人に使われるのはどれだと思いますか。活発な人に使われるのはどれだと思いますか。☐の中のことばを書いてください。

　　　　　静かな人　　　　　　　　　　　　　　　活発な人

| 明るい、　つきあいがいい、　努力家、　協調性がある、　寂しがりや、　慎重、
| 思いやりがある、　プラス思考、　感受性が豊か、　はずかしがりや、　積極的 |

【質問17】（解説）

　台風のニュースを聞くとすれば、多くの人の背景知識として、次の点に関する報道が予測できます。

台風はどこで発生して、いまどこにあるか／台風の強さはどのくらいか／どんな被害があったのか／交通機関への影響はどうか／今後の台風の動きはどう予測されるか、など。このような背景知識を質問の形で学習者から引き出し、整理してからテキストを聞くことで、テキスト理解の過程を助けることができます。また、このような練習は、背景知識を十分に使って聞くことの重要性を学習者に意識させることにもなります。

【質問18】（略）

【質問19】（解答例）

(1) 区切り毎に発表すると、他の学習者のアイディアに助けられる場合もあるが、自分の予測に集中できない可能性もある。また、ほかの学習者の前で自分の考えを言うのがはずかしい学習者には、紙に書くほうがいいかもしれない。

(2) 母語のほうが自由に発想を表現できる。一方、日本語で発表することで、これから聞くインプットの言語面の準備ができる。また、先行文脈で聞いたばかりの日本語を予測を発表するアウトプットに使える可能性もある。

(3) 一定の長さがあり、学習者の背景知識で先の展開がある程度予測できるテキスト。物語（昔話、ミステリー）が適当。

ミニ実習 【課題1】（解答例）

○「かさ」「おじぞうさん」など物語のキーワードの意味を絵を見て確認する。

○学習者に絵から推測できる情報をなるべくたくさんあげさせる。例：貧乏な農家の老夫婦の話であるらしい／おじいさんはあみがさを売っているらしい／雪が降る寒い季節のことだ

○教師が次のような質問をすることによって絵から推測できることを学習者から引き出す。例：「このおじいさんとおばあさんはどんな人たちだと思いますか」「『あみがさ』はどのように作りますか」「『あみがさ』は何のために使いますか」「おじいさんはどこへ行ったと思いますか」「この物語の季節はいつだと思いますか」

○学習者が絵から物語を想像する時に、知りたいと思うことを質問の形で言わせる。例：「②の絵でおじいさんは何と言っていますか」「おじいさんはなぜおじぞうさんにかさをあげましたか」

○ペアかグループで絵を見ながら物語を予測して、発表する。

○拡大した絵を紙芝居のように使って、一枚ずつ見せながら物語を聞かせ、絵一枚分の区切りの箇所で「この先どんな話になると思うか」予測させる。

■【質問20】 本文解説参照

■【質問21】（解答）

(1) すいていました　(2) 進まな／動かなくなりました　(3) ほっとし／安心しました

■【質問22】（解答例）

下線の語は、前後の文脈から意味を推測することが可能なので、空白の候補になります。

---

1. 山川さん：休みの日も6時に起きて、犬と公園を<u>散歩</u>します。そのあと、午前中は家事を手伝ったり、部屋で音楽を<u>聞い</u>たりします。午後はときどき友だちとテニスをしたり、町へ買い物に<u>行っ</u>たりします。

2. キムさん：休みの日はいつも8時半ごろ起きます。4年生ですから、休みの日も<u>遊ば</u>ないで<u>勉強</u>します。一日中研究室で<u>実験</u>をして、レポートを書いたり、英語の<u>論文</u>を<u>読ん</u>だりします。

小山悟著『ジェイ・ブリッジ for Beginners Vol.1』（凡人社）第18課「余暇の過ごし方」より

■【質問23】 スクリプト（pp.123-124）参照

■【質問24】（略）

■【質問25】（解説）
　テキストをもう1回聞く必要があるかどうかを学習者自身に判断させることは、「モニター」の第1歩です。教室授業では、「もう1回聞きたいですか」と聞いても、当然学習者によって反応が違うので、学習者には問いかけずに教師が適当に判断してしまいがちです。しかし、もう1回聞くとき何に注意して聞くかということを意識させることは非常に重要です。学習者に不足する理解を質問の形で言わせたり、書かせたりするのも効果的な方法です。

■【質問26】（解答例）
　「(1) おじいさんはなぜ今日市場にでかけたのでしょうか」という質問に答えるために必要になる質問としては、「『おおみそか』はどんな日ですか」「『おおみそか』はお正月の前の日ですか」「お正月の前の日は何と言いますか」など。

　「(3) おじぞうさんはどこにいましたか」という質問に答えるために必要になる質問としては、「おじぞうさんは道にいましたか」「（テキストでは）『道に』のあと何と言いましたか」など。

　「(4) おじいさんはおじぞうさんを見て何をしましたか」という質問に答えるために必要になる質問としては、「『かぶせて』は『あげて』という意味ですか」「かさをあげることを何と言いましたか」など。

■【質問27】（解答）　下線部がまちがい。なお、**トラック27**にまちがいの文をぬいた音声が入っている。

> 　おばあさんは雪で真っ白になったおじいさんからおじぞうさんとかさの話を聞いて、「それはいいことをしましたね」と言いました。二人は貧しい晩ご飯を食べて、寝ました。<u>今日はお正月の晩なのです。</u>
> 　その日の夜遅く、外から「よういさ。よういさ。」という声が聞こえてきました。声はだんだん大きくなって、おじいさんのうちの前で止まりました。それから、ドスンという音がしました。おじいさんとおばあさんは起きて、戸を開けました。うちの前に大きい荷物が置いてありました。そ

して、向こうの方に六人のかさをかぶった人たちが見えました。その人たちは町のほうへ歩いていきました。だんだん暗くなってきました。

　おじいさんとおばあさんは、荷物を開けました。そこには、お正月のもちや魚や宝物がたくさん入っていました。おばあさんはおじいさんを起こしました。そして、二人はいいお正月を迎えることができたということです。

「みんなの教材サイト」(https://minnanokyozai.jp/) より（一部改訂）

下線部以外でも、たとえば「『六人のかさをかぶった人たち』と言っていたが、おじぞうさんは『人』ではない」など、学習者の視点からの「まちがい」の指摘があるかもしれません。こうした指摘については、合理的であれば学習者の考えを認め、同時に原文の意図を説明するなど、柔軟な対応が必要です。

【質問28】本文解説参照

【質問29】（解答例）
(a) 話し手の発話が理解できていることを示す
(b) 話し手の発話の一部分のくり返しや説明を求める
(c) 話し手の発話内容について自分が理解したことが正しいかどうか確認する
(d) 話し手の発話内容に対して反応する（例：驚き、感心、納得、共感など）
(e) その他

「だし」って聞いたことがありますか。【いえ、何ですか。】(e)「だし」っていうのは日本のスープのことです。【ああ、スープ】(a/d)味噌汁を作るのにも煮物を作るのにも「だし」を使って作ります。【ええ】(a)たとえば、「だし」で野菜を煮て、味噌を溶いたのが味噌汁です。【ああ、味噌汁を作るのに「だし」を使うんですね。】(c/d)ええ、で、煮物は、「だし」で野菜や肉や魚などを煮て、砂糖やしょうゆなどで味をつけたものです。【「にもの」っていうのは……】(b)野菜なんかを「煮る」「煮ます」「煮た物」、で、煮物です。【あ、はい、わかりました】(a)で、「だし」の材料ですが、昆布とかつおぶしです。【あのう、「こんぶ」っていうのは、聞いたことがないんですけど……】(b)あ、昆布は、海でとれる海草で

す。【ああ、じゃあ、「のり」も海草ですね。「こんぶ」は「のり」のようなものですか。】(c)そうです、そうです。で、かつおぶしは「かつお」っていう魚を干して作るものなんですね。【はあ】(*e)この位の大きさの堅いものですが、【はあ】(*e)それを削って使います。【あのう、「かつおぶし」っていうのは、小さい魚ですか】(c)いえ、小さくはないですよ。この位かな、大きい魚を切って干したものがかつおぶしです。【あ、はい。】(a)それで、その、かつおぶしを削ったものを「削りぶし」と言っています。【けずりぶし、けずりぶしはけずった魚のことですね】(c)そうです。さて、4人分の「だし」を作るとしたら、【ええ】(a)昆布は10センチぐらいのものを2枚、削りぶしはふたつかみ位です。【す、すいません、ふたつかみ？】(b)手でつかんで、ひとつかみ、ふたつかみ……とかぞえます。【あーあ、ああ、わかりました。】(a)【それから、さっきおっしゃった、10センチのものを2枚というのは、こんぶですか】(c)そうです。じゃあ、「だし」の作り方ですが、【はい】(a)まず、なべに水と昆布を入れて、1時間位置いておきます。【はい】(a)1時間位たったら、なべを火にかけます。【ああ、「こんぶ」がかたいからですね。】(c)いえ、昆布は食べるわけじゃないので、やわらかくする必要はないんですけど、味を出すために水につけておくんです。【あ、味のため、ですね。】(a/d)ええ、で、火にかけたら、沸騰する直前に昆布を引き上げます。この、沸騰する前に昆布を取り出すのが大事なポイントです。で、昆布を取り出したら、水を少しなべに入れて、【すみません、ちょっと戻っちゃうんですけど、「ふっとうする」というのはどういうことなんですか。】(b)うーん、あの、水を火にかけますね【ええ】(a)で、熱くなるとだんだんぶくぶくわいてきますよね。【ええ、ああ、それが「ふっとうする」ですね】(a/c)そう、そう。で、沸騰する前に昆布は出すんですね。【あのう、なぜふっとうする前に出すんですか】(b/e)沸騰させると、スープの香りが悪くなってしまうんですね。【ああ、はい】(a/d)だから、かならず、沸騰する前に昆布を出してください。で、昆布を出したら、コップ4分の1位の水をなべに入れて、温度を下げてから、削りぶしを入れます。【ええと、水はどのくらい入れますか。】(b/e)コップ4分の1【あ、少ないですね。】(d)ええ、ちょっと温度を下げるためです。【あ、そうなんですか】(a/d)それで、削りぶしを入れ

> たら、今度は沸騰するまで火にかけます。沸騰したら1分位ですぐ火を止めて、「だし」をこして、できあがりです。【あっ、すみません。最後はどうしますか。】(b) あ、あの、削りぶしは捨てて、【あ、捨ててしまうんですね】(c/d) ええ、きれいなスープだけをとるんです。【あ、わかりました。】(a)

注(1)：発話の意図について複数の解釈ができる場合は、(a/d)のように記した。

注(2)：「かつおぶしは「かつお」っていう魚を干して作るものなんですね。【はあ】(*e) この位の大きさの堅いものですが、【はあ】(*e) それを削って使います。」の部分の「はあ」は、後で【あのう、「かつおぶし」っていうのは、小さい魚ですか】という質問をしていることから、完全には理解できずに聞いていたと思われる。この例のように、理解できていない場合には、「はあ」のようなあいまいなあいづち表現が使われることがある。

【質問30】（略）

【質問31】（解説）

自分の空白部分の答えを確認するには、たとえば次のような表現が必要です。

「あれ？　ちょっと待ってください。『ボールペンを』の次は何ですか？」
「ああ、『持たせて』ですね。わかりました。じゃ、次行きましょう。」
「あ、今のところ、もう一度お願いします。」
「はい、ここはだいじょうぶです。次をお願いします。」
「あ、『簡単なのです』ですか。『なの』が必要ですね。」

【質問32】本文解説参照

【質問33】本文解説参照

【質問34】（質問例）

「このむかし話は人々にどんなメッセージを伝えようとしていると思いますか。」
「あなたの国にも同じような話があったら、紹介してください。」

【質問35】（解答）

(1) 目的、(2)(3) 文脈・場面／背景知識、(4) モニター、(5) 反応、(6) 説明、(7) 理解

【質問36】（略）

【質問37】（解答）

1. a/c　2. a/c　3. a/c　4. b　5. b　6. b　7. e　8. h　9. d/f　10. h
11. h　12. g　13. g　14. k　15. k　16. j

ミニ実習　【課題2】（解答例）

(A)「お仕事は何ですか。」

前作業

絵を見ながら「それぞれの人の仕事は何だと思うか。」「どの仕事が一番大変だと思うか。」「どの仕事が一番面白いと思うか。」「絵の人たちにインタビューして、それぞれの仕事についてのレポートを書くことになった。あなただったらどんな質問をするか。」など、背景知識を活性化すると同時にテキスト内容を予測する。

本作業

○1回目の聞き取りでは、会話と絵の職業をマッチさせるなど、大体の意味を確認する。

○2回目以降は、仕事の時間、仕事の場所、食べ物、大変なのはどんな点かなど、細かい部分についても理解を確認する。

○「さっそくインタビューさせていただきますが」「ごはんは丼で5、6杯ぐらい」など、未習語があれば、意味を文脈から推測させる。

後作業

○「あなたがこの中から仕事を選ぶとしたら、どの仕事がいいか。」「このインタビューを続けるとしたら、あなたならどんな質問をするか。」など、考えを出し合う。

○仕事についてのインタビューをペアで行う。インタビューに出てきた仕事の人物の役割をロールプレイで演じてもいい。または、自分の現在の仕事（あるいは「10年後の仕事」「理想の仕事」）について、ペアでインタビューしあってもよい。

○スクリプトの空白埋め（この機会に定着させたい語や表現に焦点を当てる。）

例　A：おはようございます。いつも、何時ごろ仕事に行きますか。

　　B：そうですね。8時40分ごろ学校へ行きます。授業が9時からですから。

　　A：授業は大変ですか。

　　B：いいえ、学生がうちでよく勉強して＿＿＿＿＿から、大変じゃありません。

A：うちで仕事をしますか。

B：もちろんです。うちへ帰ってごはんを　　　　　　　仕事をします。だいたい2時間ぐらいですね。学生の作文を読みます。それから、明日の授業の準備ですね。

A：じゃあ、毎日うちでも仕事をして　　　　　　　。

B：ええ、もう、大変ですよ。

(B)「トマト・スープの作り方」

前作業

○ トマト・スープの絵を提示して「材料は何だと思うか」「どうやって作ると思うか」、材料を提示して「4人分作るとして、それぞれどのくらいの分量が必要だと思うか」など、背景知識を活性化すると同時にテキスト内容を予測する。

○「いためる」「揚げる」「蒸す」「ゆでる」「煮る」「ミキサーにかける」など調理方法をイラスト付きで提示して、「どの調理方法を使うと思うか」「どんな順番で」を考えることによって、キーワードの意味を確認すると同時に調理法を予測する。

① いためる　② 揚げる　③ 蒸す
④ ゆでる　⑤ 煮る　⑥ ミキサーにかける

○「薄切り」「みじん切り」「千切り」「乱切り」「輪切り」など野菜の切り方をイラスト付きで提示して、「それぞれの野菜はどんな切り方にすると思うか」など、キーワードの意味を確認すると同時に調理法を予測する。

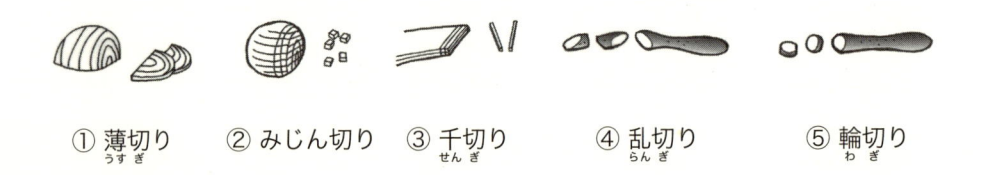

① 薄切り　② みじん切り　③ 千切り　④ 乱切り　⑤ 輪切り

> 本作業

○前作業で考えた調理法がテキスト内容と合っているかどうかチェックする。

○それぞれの野菜の切り方を聞き取って、イラストと線で結ぶ。

○大体理解できたら、少し細かい部分を聞き取らせるような質問をして、2回目の聞き取りを行う。

　例：「(水に)さらす」「(にんにくは)一かけ」など学習者にとって未習のことばの意味を文脈から推測させる。

○モニター・ストラテジーの練習として、聞き取れなかったことを質問の形にする。クラスの人数が多ければ、ペアで質問をしあってもよい。あるいは、質問を紙に書いてもよい。大事なのは、自分が何が聞き取れなかったかを質問によって意識させること。(聞き取れない部分が多ければ、2回目に聞くときに少し区切りながら聞き、区切りで質問を考えさせるとよい。)

> 後作業

○自分の国にもトマト・スープがあるか、どんな作り方をするか、テキストのトマト・スープとどちらのほうが作り方が簡単か、どちらがおいしそうか、話し合う。

○テキストで紹介されたトマト・スープのレシピを書く。

(C) ニュース

> 前作業

○「ラジオやテレビではどんなトピックのニュースがよく放送されるか」「次の□の中であなたの国のニュースでよく出てくるトピックは何か」「日本のニュースにはどんなトピックがあると思うか」など、背景知識を活性化すると同時にテキスト内容を予測する。

| 交通事故 | 教育問題 | 選挙 | セクハラ | タクシーの値上げ |
| 住宅事情 | 禁煙 | 地震 | 天気 | インフルエンザの流行 |

○「地震」「バス事故」「いじめ」「春一番」というトピックを提示して、それぞれのニュースではどんな情報を含んでいると思うかを書き出す。情報のポイント（たとえば地震の場合：地震がおこった時間、場所、地震の強さ、住民への影響、だれによる情報か）を書き出して、書いたポイントについて聞き取ることを「本作業」の目的の1つにしてもよい。

○各ニュースの情報のポイントを考える際に、キーワード（たとえば地震の強さを表すことばとして「マグニチュード」）を確認してもよい。しかし、未習語でも、多くの場合文脈から推測ができると思われる（たとえば「衝突」「即死」「（運転を）見合わせる」など）ので、すべての未習語を説明することはしない。

本作業

○「いつ」「どこで」「だれが」「何を」「なぜ」「どのように」など基本的な情報を聞き取る。（「前作業」で考えた各ニュースの情報ポイントを使ってもよい。）

○未習語を文脈から推測させる。大体の内容を聞き取ってから、たとえば次のような質問を通して推測させてもよい。例：「バスとトレーラーはどうしましたか」「地震の影響で新幹線はどうなりましたか」

○固有名詞（たとえば「郡山」「白河」など）については、電子辞書や地図、インターネットを使って、聞き取った音から地図上の場所を探すタスクをしてもよい。

○学習者のレベルにもよるが、細かい部分まで理解できなくても、ニュースの多様なトピックに触れ、基本情報だけを聞き取ることを目標にしてもよい。

後作業

○「あなたの国のニュースにも同じようなトピックがあるか」「あるとしたら、伝えられる情報（のタイプ）は同じか」「今日聞いたトピックの中で日本のニュースの特徴だと思うのはどんなことか」などについて話し合う。

○ほかに日本のニュースにはどんなトピックがあるか、実際のテレビニュース、新聞、インターネットなどで調べる。

○ニュースによく使われる表現（たとえば「～によりますと」「～ということです」）に注目してもう1回テキストを聞く（あるいは読む）。たとえば、4つのニュースの中に「～ということです」という表現が何回出てくるかを聞きながら数えてみるなど。

【質問38】本文解説参照

【質問39】（解答例）

□で囲んだ部分のように語や表現レベルの空白も考えられるし、下線を引いた部分のように文法項目も考えられる。いずれにしても、以下の理由から、あまり多くの空白を作りすぎないように留意する。①1度に学習できる語や文法の数には限界がある。②録音を何回も止めずに答えがチェックできるようにする。

> 　昔々あるところに貧乏なおじいさんとおばあさんがいました。おじいさんは、毎日あみがさを作って町で売っていました。ある年の大晦日におじいさんはあみがさを五つ売りに行きました。出かける前におばあさんに言いました。「かさを売って、お正月のもちを買ってくるよ。」それを聞いて、おばあさんは「じゃあ、待っています。いってらっしゃい。」と言いました。
>
> 　町の市場はにぎやかでした。でも、おじいさんのかさを買う人はいませんでしたから、おじいさんはもちを買うことができませんでした。夕方、だんだん寒くなって、雪が降ってきました。おじいさんがうちへ帰る途中で大雪になりました。道に並んでいるおじぞうさんの頭や肩の上に雪がたくさん積もっていました。おじいさんはおじぞうさんがかわいそうだと思って、持っていたかさをおじぞうさんにかぶせてあげました。でも、おじぞうさんは六人でかさは五つしかありませんでした。おじいさんは、自分のかさをぬいで、最後のおじぞうさんにかぶせて、うちへ帰りました。

■【質問40】（解答例）

〇テキストで聞いた5つの職業のうちから1つを選んで、1人がその職業の人の役になり、もう1人がインタビューをする役になる。

〇A〜Hのイラストをコピーして8枚のカードにし、学習者に1枚ずつ引かせて、役を演じる職業を決めてもよい。テキストに入っていない職業を選べば、モデルとなる会話はないが、より創造的なインタビューになる可能性もある。

〇学習者に自分がなりたい職業を決めさせ、その職業についたつもりでインタビューに答えさせる。インタビューする側はその職業を知らない状態でインタビューを始め、インタビューを通してその職業を探しあてる。このインタビューをクラス全員で聞いて、全員で隠された職業を当てるようにしてもよい（この場合、テキストに出てきた5つの職業以外のものも自由に選ぶようにする）。

■【質問41】（解説）

「もう1回音声を聞きます。あなたが行ったロールプレイで使わなかった表現はありますか。今度使ってみたい表現に注意しながら聞いてください。」というような指示でもう1回音声を聞きます。運用力が低かったり、ロールプレイに慣れていない学習者の場合は、ロールプレイでテキストに近い会話を行うことが考えられますが、その場合は、ロール

プレイの後にもう1回音声を聞くことによって、自分の会話とテキストを比べて、「本当はこう言うべきだったが、うまく言えなかった」表現を学習できます。一方、ロールプレイでテキストとはかなり違う内容の会話を行った場合は、語彙や表現について自分の会話とテキストを比べられる部分は、少ないかもしれません。しかし、その場合も、インタビューの開始時や終了時の表現、あいづちの打ち方、イントネーションなど、学習者にとって学ぶべきものがあれば、教師が注意を促すとよいでしょう。

■【質問42】（解答例）

(1)【質問39】で考えたように、学習者にとって「理解はできても産出ができない」言語表現が特に学習の対象になる。

(2)クラス全員で1人ずつ語りつぐ形式では、1人の発話量は少なくなるが、クラス全員が教師のフィードバックを得ながら言語表現を確認できる。また、ほかの学習者の発話が新しいインプットになる。一方、ペアを組んで1人で再話をする場合は、1人で物語全体を話すので、文と文をつなぐ接続表現などについても学習できる。

■【質問43】 本文解説参照

■【質問44】（解答例）

○「本作業」でテキスト内容を理解する際にはあまり注意していなかったこまかい言語形式（たとえば助詞や動詞の活用形など）にも注意させることができる。

○テキストの音声の印象が消えないうちに発話するので、特にイントネーションやアクセントの学習に有効だと報告されている。（玉井 2005ａ，2005ｂ 参照）

■【質問45】 本文解説参照

■【質問46】 本文解説参照

ミニ実習【課題3】（解答例）

○「ごはんを食べます／○○を食べます／××を食べます」、「コーヒーを飲みます／○○を飲みます／××を飲みます」、「CDを聞きます／○○を聞きます／××を聞きます」「学校へ行きます／○○へ行きます／××へ行きます」などから共通した動詞を聞き取り、同時に意味を推測させる。○○や××を母語の固有名詞や推測しやすい外来語にすることで、推測のヒントになる。

○動作（食べる、飲む、歩く、走る、書く、歌うなど）の音を効果音として録音しておき、次のようなタスク・シートを用意する。（*指示文は母語で。また、右側の英語もそれぞれの母語で。）学習者には次のような録音を聞いてタスクに答えさせる。「［効果音］→まいにち食べます→［効果音］→たくさん食べます」 もし同じ「食べる」の効果音が複数録音できれば、次のようにしてもよい。「［効果音①］→○○を食べます→［効果音②］→××を食べます」。**トラック 59** に録音例があります。

---

*1～Xは日本語の動詞です。音声を聞いて、□にひらがなを書いてください。
また、それぞれの意味を右側から選んで、線で結んでください。

1. □□ます　・　　　　　　・ to run
2. □□□ます　・　　　　　・ to drink
3. □□ます　・　　　　　　・ to eat
  ・
  ・
  ・
X. □□□ます　・　　　　　・

○動詞（ます形）の意味が学習済みであれば、たとえば次のように、いくつかの活用形を含んだ文を聞かせて、「ます形」動詞を言わせる（書かせる／シートから選ばせる）方法もある。

例：「この水を飲んでもいいですか」「私はお酒は飲めないんです」「いっしょにコーヒーを飲みませんか」などを聞かせて、「飲みます」を言わせる／書かせる／シートから選ばせる。

■【質問 47】（略）

■【質問 48】（解答例）

○～して（から）、～します／てください（例：黒板の字を消してから、答えを書きます）
○～しながら、～します／てください（例：話しながら、歩きます）
○～する前に、～します／てください（例：食べる前に、手を洗います）
○～の上／下／前／後ろに・・・（例：キャシーさんはルイスさんの後ろにすわってください）
○数字／助数詞（例：ペンを3本とってください）
○連体修飾（例：一番大きいのはどれですか／白いシャツを着た学生は何人いますか）

■【質問49】（解答例）
1. たとえば右のようなシートを用意しておいて、聞いた内容を母語でメモする。
2. 部屋の見取り図を書く。
3. メニューの注文票のようなものを用意しておいて、聞いた注文に ✓ や数字を書きこむ。

```
6:00
6:30    wake up
7:00    shower
7:30
8:00    breakfast
8:30
...
```

■【質問50】（解答例）
○母語に訳さずに日本語の音声をすばやく意味として理解する習慣をつけることができる。

○数字や記号を書くだけであれば、アウトプットの負担がなく、聞くことに集中でき、時間も短縮できる。

○絵を描くことなどは、（特に年少者にとっては）楽しめる活動になる。

○メニューや商品カタログ、地図など、実物や実物に近いものを利用することで、実際の場面に近い感覚を味わうことができる。

○ジェスチャーでの表現に限界があるのと同様、絵や図で表現することにも限界はあり、文によってはこれらの方法で意味を確認することが難しい。

■【質問51】（解答）
ルイスとキャシーに×印。

■【質問52】（解答例）
○活動 (D) では、「で」の後には「動作」の動詞（食べます、飲みます、勉強します、など）、「に」の後には「存在」「移動」の動詞（います、あります、入ります、など）が来ることが焦点である。

○活動 (E) では、「知っています（×知ります）」と「知りません（×知っていません）」、「もう○○しました」と「まだ○○していません」の使い方、「あした」「きのう」など時間が特定されているときには「○○します／ました」が使われることなどが焦点である。

○上述のような文法知識を明示的に導入してから聞くことで、知識を使って聞くことができ、知識を強化することができる。一方、まずは聴解練習をやってみて、後から文法知識を整理・確認する方法もある。後者の方法では、学習者は文法を（与えられるのではなく）自分で考えることになるので、文法を意識的・主体的に学べる可能性がある。

■【質問53】（解答例）
(1) すしを食べたことがあります／日本の歌を歌ったことがあります／日本語で手紙を書いたことがあります／宿題を忘れたことがあります／授業中寝たことがあります……
(2) 学校の門を出て右へ行くと銀行があります／私はお酒を飲むと顔が赤くなります…8時までに家を出れば学校に間に合います／○○円あればここから家に帰れます…夏休みになったら○○へ行きたいです／卒業したら日本語を使う仕事がしたいです……

■【質問54】（解答例）
○知っている形容詞を拾わせる。
○いずれの会話も「旅行がどうだったか」を話題にしていることを聞く前に知らせておいて、①どこへ旅行に行ったか、②旅行はよかったか、それともよくなかったかの2点だけを聞き取らせる。
○「どうだった？」「よかったですよ」「そうですか」「そうだったんだ」など、現在の学習者のレベルでも使えそうな表現を取りあげ、リズムやイントネーションをそっくり真似するように発話させる。

■【質問55】（解答例）
動画は、音声だけのものと比べて、より多様な場面や状況が表現できる。登場人物も音声だけでは通常2人程度のところ、動画ではより多くの人物のやりとりを視聴することができる。年令や性別、社会的役割や立場によって異なる言語の使い方を学習できる。非言語によるコミュニケーションの特徴（ジェスチャーや顔の表情など）を学習できる。場面や状況が映像で表現されるので、推測の材料が豊富である。学習者の動機を高める。一方、映像だけで内容のほとんどが理解できる場合もあり、学習者が音声から何を理解しているのかによく注意する必要がある。

■【質問56】（解答例）
○映像だけを見たり、音声だけを聞く方法では、それぞれ映像や音声に集中することができる。たとえば映像だけを先に見ることで、音声を同時に聞くと見逃してしまうような人物の表情や動き、背景場面の特徴に気がつくことができる。そこで、先に映像だけを見て、人物の役割や立場を想像したり、せりふを予測したりしてから、音声つきの映像を見て、自分たちの想像や予測が合っていたかどうか確認する活動が可能である。一方、先に音声だけを聞いて、場面や状況、人物の外見など映像で見えるはず

のものを想像してから、映像を見る活動もできる。その場合、映像に応じて「場所はどこか」「人物は何人いるか」「それぞれの人の年令はいくつぐらいか」など具体的な質問を用意するといい。

○音声付きの映像を見て、内容理解を確認した後、映像だけを使って、学習者がアフレコ（映像に合わせて会話を行うこと）をすることもできる。画面の動きが速すぎれば、静止場面で行ってもよい。

■【質問57】（解答）

(1) 予測、(2) モニター、(3) 推測、(4) 反応、(5) 推測、(6) 音声、(7)(8) ロールプレイ／再話／シャドーイング

■【質問58】（解答例）

「聴解」などの特別の時間を設けることには、次のような利点があります。
①コースの中で聴解のための時間が十分に確保できる。
②聴解のための評価が行われるなど、教師と学習者双方が聴解の重要性を意識することができる。

しかし、聴解だけを長い時間続けると、集中力を保つことができず、聴解を「つらい」ものにしてしまう可能性もあります。「聴解」という特別の時間がある場合は、「前作業」や「後作業」で「話す」「読む」「書く」など他技能の活動も十分に取り入れて、「聞く」だけの聴解授業にならないようにすることが必要です。また、聴解は週に1回か2回やるだけでなく、少しずつでも毎日行うほうがよいでしょう。そういう意味では、日本語クラスの時間をうまく活用して、聴解を導入するのも効果的です。

■【質問59】 本文解説参照

【質問60】（解答例）

テキスト名	(A) 話者の数	(B) 対面/非対面	(C) メディア	(D) テキスト・タイプ	(E) 話題・場面	(F) ストラテジー
(a) 大学生の自己紹介	独話	非対面	音声	社交会話	家庭・教育	情報選別
(b) 注文の多い料理店	独話	対面/非対面	教師の発話/音声	物語	芸術	予測
(c) どんなストレスに弱い？	独話	非対面	音声	情報伝達	社会	推測
(d) 大相撲博物館	対話	非対面	音声	情報伝達	趣味・社会	推測
(e) うまく書けましたか	独話	対面	学習者の発話	情報伝達	趣味	質問
(f) かさじぞう	独話	対面/非対面	教師の発話/音声	物語	社会・歴史	予測・質問・推測・モニター・反応

117

■【質問61】（略）

■【質問62】本文解説参照

■【質問63】（解答例）
学習者用に作られたテキストには、一般に下のような特徴が見られる。
○発話速度が不自然に遅い。
○発音がはっきりしすぎていて、不自然。
○自然な話しことばの特徴（言い直しや言いよどみ、文の途中で発話が終わること、発話の重なり、省略など）が少ない。
○周囲の雑音がない。

■【質問64】本文解説参照

■【質問65】【質問66】（解答例）
学習者のレベルや関心によって異なるが、市販教材では得られない効果を重視すると、次のようないくつかのポイントが考えられる。
○学習者が知っている話し手を選ぶ：ラジオ、テレビの場合は学習者がよく知っている著名人の発話を録音する。周囲から収録する場合は、同じ学校の教師や上級生が行ったインタビュー、教師や周囲の日本語話者が行った問い合わせ電話の録音など。
○さまざまな話し方の特徴を持った話し手を選ぶ：子どもやお年寄りの会話、方言やさまざまなアクセントのある発話、非母語話者の発話（特に学習者と同国人の発話は効果的）、同じ話し手が相手によってことばを使い分ける様子など。
○学習者が関心を持つ話題を選ぶ：学校や地域の行事についての情報や意見、学習者の国や地域について日本人が感想を述べるもの、日本に留学した先輩や日本語を使って仕事をしている先輩の話など。
○海外でも日本料理のレストランや日系企業のオフィス、日本人学校など、日本人や日本語話者が多く集まる場所では、日本語を録音・録画できる可能性がある。

■【質問67】（解答例）
(A) 話者の数：独話は用意されたスピーチとして情報が密に入っているため難易度が高くなる傾向がある。
(B) 対面／非対面：対面では、話し手のジェスチャーや表情が見えること、話し手に質問

することができることなどから、相対的に難易度が低い。
(C) メディア：録画は映像が内容理解のヒントになる。
(D) テキスト・タイプ：話題ともかかわるが、情報伝達、議論は抽象度が高いことが多く、難易度が高くなる傾向がある。
(E) 話題／場面：抽象度の高い話題、なじみのうすい場面は難易度が高い。

【質問 68】 本文解説参照

【質問 69】 本文解説参照

【質問 70】（解答例）

○十二支の中で「十二支の中にねこがいない理由」という話の中にでてきた動物に○をつけなさい。

ねずみ、	うし、	とら、	うさぎ、	たつ、	へび
うま、	ひつじ、	さる、	とり、	いぬ、	いのしし

○神様は 12 の動物をどうやって選ぶと言いましたか。（　　　）にことばを入れなさい。

　神様は、「 1 月 1 日の朝、（　　　　　　　　　） 動物を早い順に 12 まで選びます。」と言いました。

○ねずみはなぜいちばんになりましたか。（　　　）にことばを入れなさい。

　ねずみは（　　　　　　　　　　）て、神様のうちまで行ったからです。

○ねこはなぜ十二支に入りませんでしたか。（　　　）にことばを入れなさい。

　ねずみがねこに（　　　　　　　　　　）を教えたからです。

注 1 ：テキストを聞く前に質問を読ませておけば、焦点をしぼって聞くことができる。

注 2 ：母語が使えれば、質問も答も母語にしてもよい。質問や答えを日本語にする場合は、正答の判断がしやすいように（　　　　　）の場所を工夫する。

注 3 ：一般知識で答えられるような問題はさける。たとえば、十二支の動物を全部あげさせたり、十二支の順番を答えさせるような問題は不適切。

【質問 71】 本文解説参照

【質問 72】 本文解説参照

【質問73】（解答）
1. <u>つくって</u>　　2. <u>やすむ</u>ことにしました　　3. だんだん<u>ねむ</u>くなってしまい
4. きのうえに<u>のぼって</u>しまいました　　5. ぼうしを<u>かぶっ／もって</u>
6. ぼうしを<u>なげすて／なげ／すてた</u>

【質問74】（解答例）
○対面聴解については、学習者数が十数名程度であれば、次のような方法が考えられる。教師が話し手になり、1対1の面接形式で、「適切なあいづち、反応を示して話を聞いてください。また、必要に応じて理解を確認する質問をしてください。」という指示でテキストを語る。この際、学習者が内容を理解する必要を設定する目的から、「話を聞いた後、理解チェックの小テストがあります。」と伝えておき、短い理解確認テストを行うとよい。あいづち・反応・質問のパフォーマンスは、A（大変よい）、B（よい）、C（ふつう）、D（改善が必要）のようなレベル評価をし、理解確認テストの点数と合わせて評点をつける。

○ペア・ディクテーション、シャドーイングは、いずれもA（大変よい）、B（よい）、C（ふつう）、D（改善が必要）のようなレベル評価が適当。LL教室の機能を利用するなどして、学習者に個別に録音させたテープを提出させることも可能。

○上記のパフォーマンスの試験は、A、B、C、Dなどの評価と合わせて、改善のためのフィードバックを個別に返すとよい。

【質問75】本文解説参照

【質問76】（解説）
(1)～(8)のcan-do-statementsは、それぞれ次のようなレベルの聴解力を記述しています。(1)(2)は、十分に予測できる場面や文脈で、ほとんど単語単位の聞き取りができる力。(3)(4)は、日常的な場面で、単純な情報を聞き取る力。(5)(6)は、ある程度の長さのテキストからやや複雑な複数の情報を相互に関連づけ、要点を理解する力。(7)(8)は、非常に複雑な多くの情報を相互に関連づけて理解したり、社会文化的な解釈ができる力。

【質問77】本文解説参照

【質問78】（略）

【質問79】（解答例）

○聞いたテキストの記録（例：『毎日の聞きとり』○課〜○課、ラジオ／テレビ番組の視聴など）

○テキストで理解した結果を記したもの（市販教材や教師作成のワークシート、理解した内容の要旨、テキストを聞いて感じたことなど）＜母語でよい＞

○自分が参加した対面聴解の音声・動画

○シャドーイングの音声

○ can-do-statements 方式などの自己評価の記録

○聴解活動の中でどんな問題があり、どのように問題を解決したかのメモ＜母語でよい＞

○聴解活動について感じたこと（楽しいこと／大変なこと）や考えたこと（自分の聴解の弱点／より上手に聞くために必要だと思うことなど）＜母語でよい＞

【質問80】 本文解説参照

【質問81】（解答）

(1) 録画　　(2) ストラテジー　　(3) 生教材　　(4) can-do-statements
(5) ポートフォリオ　　(6) リソース・センター

音声スクリプト

Track 2 【質問4】

A：はい、ありがとうございます。浦和みどり町郵便局、林田でございます。

B：あのう、私は外国人なんですが、【はい】荷物の送り方について【はい】教えていただきたいんですが、よろしいですか。【はい】あの、本なんですけれども【はい】安く送れるのはどんな方法ですか。

A：送り先は海外ですか。【あ、中国です。】あ、中国【はい】。あの、安くですと、ええと、中にですね【はい】、本だけ、ええ、お手紙とかちょっと、はいら、入れられないんですが、【はい】本だけを入れていただいて【はい】あの、封をですね、【はい】一部、中が本ですっていう形で確認できるように開けていただく【あ、はい】と、ええ、プリンティッドマターというやり方で、

B：すいません、プリンティッド？

A：プリンティッドマター、【……】あの、本とか、印刷した物【あーあ、印刷した物】ええ、あの、印刷物として送ることができますね。【はい】料金的には、それが一番お安いです。

B：ああ、そうですか。【はい】あの、いま送りたい本が6キロぐらいあるんですけど、

A：あっ、すみません、実はですね、印刷物は5キロまでっていう制限がございまして【あ、そうなんですかあ】で、5キロ以上ですと、ま、普通の小包かEMSで【はあ】送っていただくことになるんですね。で、これが……ちょっとお待ちください。【はい】……えっと、6キロですと、【はい】小包で5450円、EMSだと7000円ですね。【あ、小包だと？】5450円です。

B：5450円で、【はい】あの、【はい】もし印刷物で3キロずつに分けたらどうですか。

A：あ、はい。そうですね……3キロの印刷物だと……2850円ですから……【あ、はい】えっと、小包のほうがお安くなりますね。【あ、はい】EMSだと印刷物より高くなりますが。

B：ええと、イーエムエスというのは、【はい】何が違うんですか。

A：あ、EMSだと早いんです【あ、そうですか】。普通の郵便だと、【ええ】中国ですと、ま、1週間ぐらい見ていただくんですが、【はい】EMSだと2〜3日で着きます。

B：あ、わかりました。【よろしいでしょうか】あ、はい。あ、あと、荷物を持っていくのに、そちらは【はい】何時から何時までやっているんですか。

A：平日は、【はい】朝の9時から【はい】夜7時まで、【7時まで】土曜日は午後3時までです。【はい、わかりました。ありがとうございます。】はい、ありがとうございます。失礼致します。

【質問12】

Track 3 (a) スピーチ　本文 p.19 参照

Track 4 (b) 留守電　本文 p.19 参照

Track 5 (c) トマト・スープ　本文 p.20 参照

Track 6〜8 【質問15】　本文 p.24 参照

Track 9 【質問17】

　台風21号は、今日午前、関東地方の南海上をゆっくり北東に進み、東海地方から東の太平洋側は大雨となっています。このため、JRや私鉄の一部が、雨やがけ崩れの影響でストップするなど、関東地方を中心に交通機関が乱れています。

　大型で並みの強さの台風21号は、きょう午前、八丈島の南西海上をゆっくりと北東に進み、関東地方南部は今夜からあすの朝にかけて暴風域に入

る見込みとなりました。
　また、秋雨前線が活発化しているため、太平洋側では、引き続き大雨になる恐れがあり、雨量は、明日の朝までに、多いところで、150ミリから200ミリに達する見込みです。
　気象庁では、「台風が接近するにつれて風雨が強まる」として、警戒を呼びかけています。

三井豊子・堀歌子・森松映子著『ニュースで学ぶ日本語パートⅡ』
(凡人社)「ニュース35　台風」より

【質問18】

Track 10 ウグイスという鳥を知っていますか。ウグイスは「ホーホケキョ」っていうきれいな声で鳴くんですけど、日本では春の鳥として知られているんです。寒い冬が終わるころ「ホーホケキョ」っていうウグイスの声が聞こえると、日本人は「ああ、もう春が来たんだな」ってうれしい気持ちになる、だから、人々は早くウグイスの声が聞きたいと思っているんです。それで、昔からこんな話があります。

Track 11 今年も春が来て、一郎の家に、二郎、三郎、四郎、五郎が集まって、5人でお酒を飲んでいた時のことです。一郎がこう言いました。「今朝ウグイスの声を聞いたよ。今年はぼくが一番早かったよ。」それを聞いて、二郎が言いました。

Track 12 「いや、ぼくの方が早いよ。ぼくは昨日の朝聞いたぞ。」その後、三郎が言いました。「いやいや、ぼくの方がもっと早い。1週間前に聞いたんだから。」

Track 13 四郎が言いました。「そんなの早くないよ。ぼくなんて、1ヶ月も前に聞いたよ。」最後に五郎が言いました。

Track 14 「みんな、ちっとも早くないよ。ぼくなんて、去年の春に聞いたんだから。」

日本語多読研究会編『レベル別 日本語多読ライブラリーにほんごよむよむ文庫 Level1 Vol.1』(アスク)より「笑い話」をアレンジ

Track 15-16 【課題1】本文 p.28 参照

Track 17 【質問20】本文 p.29 参照

【質問21】

Track 18-19 今日、わたしは成田へわたしの国の友だちを迎えに行きました。車で行きました。友だちは午後5時に成田に着きます。道路ははじめのうちは (1)すいていました。♪ところが、だんだんこんできて、ぜんぜん (2)進まなくなりました。♪車がとまっている間、わたしはとても心配でした。友だちが成田に着いた時、わたしがいないと友だちはきっと困るでしょう。友だちが成田に着かないうちに、わたしがさきに成田に着かなければなりません。4時半に成田に着いた時、私は本当に (3)ほっとしました。♪

宮城幸枝・三井昭子・牧野恵子・柴田正子・太田淑子著『初級日本語聴解練習 毎日の聞きとり50日 上』(凡人社)第25課を利用

Track 20-23 【質問22】本文 p.32 参照

【質問23】

Track 24-25
係員：はい、大相撲博物館です。
学生：あのう、ちょっとそちらの博物館についてお伺いしたいんですが。
係員：はい、なんでしょうか。♪
学生：開館時間は何時から何時までですか。
係員：午前10時から午後4時までです。♪
学生：午後4時までですね。
係員：はい。♪
学生：あの、休館日は。
係員：毎週、月曜日です。♪
学生：ああ、そうですか。入館料はいくらでしょうか。
係員：300円です。♪
学生：団体割引はありますか。
係員：はい、ございます。20名以上になりますとお一人200円になります。♪
学生：あの、博物館の中を全部見るのにどのぐらい時間がかかりますか。
係員：そうですねえ、1時間あれば全部御覧になれるかと思いますが。♪
学生：そうですか。どうもありがとうございまし

123

た。♪

文化外国語専門学校編『文化中級日本語Ⅰ』(凡人社)
第7課　聴解「情報を得る」を利用

【質問27】解答編 pp.103-104 参照

【質問29】解答編 pp.104-106 参照

【質問31】

友だちと向かい合って座ってください。友だちに鉛筆かボールペンを持たせて、あなたが持っているノートに字を書かせましょう。でも、友だちは手を動かしてはいけません。あなたがノートを動かして、字を書かせるのです。では、やってみましょう。絵のようにひらがなの「る」を書いてみましょう。ここでCDを止めてやってみてください。

どうですか。うまく書けましたか。あなたの方から見ると字が反対なので、難しいでしょう。でも、これが簡単なのです。あなたが自分でその字を書くようにノートを動かせばいいのです。その時、あなたがノートを押さえている右手の中指でその字を書くつもりでノートを動かすときれいに書けます。「そ」「り」「く」なども書いてみてください。

宮城幸枝・三井昭子・牧野恵子・柴田正子・太田淑子著
『初級日本語聴解練習 毎日の聞きとり50日 下』(凡人社)第49課
「やってみましょう」をアレンジ

【質問31】のペア・ディクテーション

A：じゃあ、いっしょに読みましょう。【はい】
AB：友だちと向かい合って座ってください。友だちに鉛筆かボールペンを
A：持って……
B：持たせて、あなたが持っている……
A：あれ？　ちょっと待ってください。【えっ？】「ボールペンを」の次は何ですか？
B：「ボールペンを持たせて」です。
A：ああ、「持たせて」ですね。【ええ】わかりました。じゃ、次行きましょう。【はい】
A：あなたが持っているノートに字を書かせましょう。
B：あなたが持っているノートに字を……。
B：あ、今のところ、もう一度お願いします。
A：あ、「書かせましょう」です。
B：「書かせましょう」ですね。はい、じゃ、続けましょう。
A：でも、友だちは手を動かしてはいけません。
B：でも、友だちは手をうごかして？
B：「動かしてはいけません」でいいですね？
A：はい。じゃ、次ですね。【はい】
A：あなたがノートを動かして、字を
B：あなたがノートを動かして、
B：ここも「動かして」でいいんですね？
A：はい。その後は「字を書かせます」でいいですか？
B：いえ、そこは「字を書かせるのです。」
A：ああ、「の」が必要だから「書かせるのです」なんですね。【ええ、「書かせるのです」】あ、はい。じゃ、次行きましょう。
AB：では、やってみましょう。絵のようにひらがなの「る」を書いてみましょう。ここでCDを止めてやってみてください。【A：ここはいいですね。】【B：はい】どうですか。うまく書けましたか。
A：あなたのところから見ると
B：あなたのほうから見ると字が反対なので
A：あれ？「あなたのところから」ではないんですか？
B：ここは「あなたのほうから」です。
A：あーあ、はい。じゃ、あなたのほうから見ると字が反対なので
B：はい、はい、字が反対なので
A：字が反対なので
A：むずかしいでしょう。でも、これが簡単なのです。
B：むずかしいでしょう。でも、これが簡単なので

す。
A：はい、ここはだいじょうぶ。
B：いいですか。じゃ、次。
{ A：あなたが自分でその字を書くようにノートを動かせばいいのです。
　B：あなたが自分でその字を書くようにノートを動かせばいいのです。
B：……でいいですか。【そうそう】
{ A：その時、あなたがノートを持っている
　B：その時、あなたがノートを押さえている右手の中指で……
A：えっ、「持っている」じゃない？
B：ここは「押さえている」です。
A：あーあ、そうか、「ノートを押さえている」ですね。
B：そうそう。で、「ノートを押さえている右手の中指でその字を書く」の次は何ですか。
A：あ、そこは「書くつもりで」です。
B：あ、ここはぜんぜんわかりませんでした。「書くつもりで」か……。はい。
A：じゃ、「その字を」から。
{ A：その字を書くつもりでノートを動かすときれいに書けます。
　B：その字を書くつもりでノートを動かすときれいに書けます。
B：はい、じゃ、最後ですね。
{ A：「そ」「り」「く」なども書いてみてください。完成！
　B：「そ」「り」「く」なども書いてみてください。完成！

【質問32】

Track 36　もう何十年も前の話ですが、2人の若い男が、猟に出ました。鉄砲をかついだ男たちは、もう半日も山道を歩いて、疲れていました。「ずいぶん遠くまで来たけど、鳥もウサギもぜんぜんいないなあ。」と1人が言うと、「ほんとだな。今日の晩ごはんは町で買うことにして、今日はもう帰ろう。」ともう1人が言いました。♪

Track 37　帰り道もまだまだ山道をたくさん歩かなければなりません。「疲れたなあ。何か食べたいなあ。」そんなことを言いながら、とぼとぼ歩いていましたが、ふとふり返ると大きな家が見えました。♪

Track 38　家の玄関には「レストラン・山猫軒」という看板が出ています。「えっ、レストランって書いてあるぞ。」「こんな山奥にレストランとはびっくりだな。でも、ちょうどいい。もうおなかがぺこぺこだ。入ってみよう。」2人がレストランのドアを開けて入ると、廊下があって、奥にはもう1つドアがありました。そのドアには紙が貼ってあり、こう書いてあります。「ここは注文の多いレストランです。どうぞお入りください。」♪

Track 39　「注文が多いから料理に時間がかかるってことかな。早く食べたいけど、しかたがないな。」「うん、早く座ってゆっくりしたいな。」2人がそう言いながら進んでいくと、またドアがあって、こう書いてあります。「ここで、髪の毛をきちんと直して、くつのドロを落としてください。」♪

Track 40　「なんだ、ずいぶんきちんとしたレストランなんだな。」「うん。テーブル・クロスのかかったテーブルでおいしい料理が出るんだな、きっと。」そう言って、2人は、山歩きで汚れたくつをきれいにし、髪の毛をとかしました。それから先に進むと、また何か書いてあります。♪

Track 41　「荷物をここに置いて、帽子とコートを脱いでください。財布や貴重品はこの金庫に入れてください。」「ここに財布を置いていくっていうことは、帰りにここでお金を払うんだな。」「とにかく早く食べたいな。」そう言って2人は進んでいきました。

　こんどのドアの前には白いつぼと黄色いびんが置いてあって、こう書いてありました。「料理はもうすぐできます。つぼの中のクリームを顔や手足にぬってください。それから、びんの中の香水を身体にふりかけてください。」♪

Track 42　クリームは牛乳のにおいがしました。香水はすっぱい酢のにおいがしました。2人はびっくりして顔を見合わせ、その先を見ると、まだドア

があり、そこにこう書いてあるのが見えました。「注文が多くて申しわけありませんでした。これが最後の注文です。つぼの中の塩を身体によくつけてください。」♪

Track 43 「ちゅ、注文の多いレストランっていうのは……」「つ、つ、つまり、ぼくたちが、た、食べられるってことか……」2人はがたがたふるえ始めました。目の前には大きなドアがあり、「どうぞ入ってください」と書いてあります。そして、中からは「お客さ～ん、早く入ってくださ～い。」という大きな声が聞こえました。♪

Track 44 2人は、ふるえながら泣いて、泣いて、立っていられなくなりました。その時、強い風が吹いて、気がつくと、2人は外に立っていました。2人がぬいだ帽子やコートは、木の枝にかかっていました。2人は、逃げるように町に帰っていきました。♪

宮沢賢治『注文の多い料理店』をアレンジ
(http://www.aozora.gr.jp/cards/000081/files/1927_17906.html)

【課題2】

Track 45-50 (A) お仕事は何ですか　本文 pp.51-54 参照

Track 51-52 (B) トマト・スープの作り方　本文 p.55 参照

Track 53-56 (C) ニュース　本文 pp.56-57 参照

Track 57-58 【質問46】　本文 p.65 参照

Track 59 【課題3】解答例2

① 【効果音】りんごを食べます
　 【効果音】ポテトチップスを食べます
　 【効果音】たくさん食べます

② 【効果音】走ります
　 【効果音】はやく走ります
　 【効果音】ゆっくり走ります

③ 【効果音】水を飲みます
　 【効果音】みそしるを飲みます
　 【効果音】ビールを飲みます

Track 60 【質問51】
アルンさんは、めがねをかけて、一番前に座っています。いま本を読んでいます。となりのスーザンさんは、……何か考えていますね。ボーイフレンドのことを考えているのでしょうか。2番目の列の一番左には、マリーさんがいます。マリーさんは、歌を歌っています。そのとなりのルイスさんは、ともだちと話しています。パメラさんは、手紙を書いていますよ。だれに書いているのでしょうね。パメラさんのとなりはミンさんです。ミンさんは、お弁当を食べていますが、お弁当は・・・サンドイッチみたいですね。パメラさんとミンさんのうしろは、ハリムさんとキャシーさんです。キャシーさんは、机のうえに座ってギターをひいています。ハリムさんは何かテープを聞いています。日本語を聞いているのかもしれませんね。その左側には、エミリさんとキムさんがいます。2人は話しながら何かしています。あ、キムさんは紙で何か作っていますよ・・・おりがみですね。

Track 61-62 【質問52】　本文 pp.70-71 参照

Track 22 【質問54】　本文 p.73 参照

Track 64-65 【質問69】　本文 pp.84-85 参照

Track 66-69 【質問70】　本文 pp.86-87 参照

【質問73】

Track 70 昔々ある村におじいさんとおばあさんが住んでいました。二人は、赤や青や黄色のカラフルな帽子を (1)××××て、それを売って生活していました。♪ある日、帽子を売りに行ったおじいさんは、あちこち歩いて疲れてしまい、(2) 木の下で×××ことにしました。♪おじいさんは売り物の帽子をそばに置いて、涼しい風に吹かれていましたが、(3) だんだん×××××なってしまい、ちょっと横になって寝ることにしました。♪

おじいさんが寝ている間にサルがたくさん出て

126

きました。サルたちは「あ、きれいな帽子だ。」と言って、帽子をかぶって、(4) 木の上に×××××てしまいました。♪

30分ぐらいして、おじいさんが目をさますと、そばにおいた帽子がありません。あちこち探してみると、サルたちが(5) 帽子を×××××て木の上にいるのに気がつきました。♪おじいさんは困って、しばらく考えていましたが、「もうこの帽子もいらない」と言って、頭の上の帽子を投げすてました。

すると、それを木の上から見ていたサルたちも「あ、おじいさんが(6) 帽子を×××××た。♪おれたちもおじいさんの真似をしよう。」と、帽子をぬいで、おじいさんの方に投げました。おじいさんは、帽子が全部返ってきたので、うれしそうに、また帽子を売りに行ったということです。

【参考文献】
さんこうぶんけん

青木直子 (1991)「第二言語教育における能力テストのシラバス：聞き取り編」『産能短期大学紀要』24号　195-210

尹松・労軼琛 (陸留弟主編) (2008)『日語聴解教程』第 1 冊　上海外語教育出版社

小田勝己 (2000)『総合的な学習に活かすポートフォリオがよくわかる本』学事出版

斉藤仁志・吉本惠子・深澤道子・小野田知子・酒井理恵子 (2006)『シャドーイング：日本語を話そう・初〜中級編』くろしお出版

三枝令子 (研究代表者) (2004)『日本語 Can-do-statements 尺度の開発』平成 13 年度〜平成 15 年度科学研究費補助金 (基盤研究 B1) 研究成果報告書

島田めぐみ・青木惣一・浅見かおり・伊東祐郎・三枝令子・孫媛・野口裕之 (2003)「日本語教育機関における Can-do-statements 調査の活用方法」『日本語教育学会秋季大会予稿集』　119-124

島田めぐみ・三枝令子・野口裕之 (2006)「日本語 Can-do-statements を利用した言語行動記述の試み：日本語能力試験受験者を対象として」『世界の日本語教育』第 16 号　75-88

玉井健 (2005 a)『リスニング指導法としてのシャドーイングに関する研究』風間書房

——— (2005 b)「シャドーイングは万能薬なのか」『英語教育』2005 年 3 月号　28-30

玉岡賀津雄・松下達彦・元田静 (2002)「日本語版 Can-do Scale はどれくらい正確に日本語能力を測定しうるか」『日本語教育学会秋季大会予稿集』　215-217

日本語教育学会 (1999)『Can-do-statements 調査報告：日本語能力試験の妥当性を検証する試み』国際交流基金

日本語教育学会認定委員会 (編) (2004)『日本語能力試験の概要　2003 年版』国際交流基金／日本国際教育協会

三國純子・小森和子・近藤安月子 (2005)「聴解における語彙知識の量的側面が内容理解に及ぼす影響：読解との比較から」『日本語教育』第 125 号　76-85

横溝紳一郎 (2000)「ポートフォリオ評価と日本語教育」『日本語教育』第 107 号　105-114

横山紀子 (1999)「インプットの効果を高める教室活動：日本語教育における実践」『日本語国際センター紀要』第 9 号　37-53

——— (2004)「第 2 言語における聴解ストラテジー研究：概観と今後の展望」日本言語文化学研究会『第二言語習得・教育の研究最前線—2004 年版—』凡人社 184-201

——— (2005)「『過程』重視の聴解指導の効果：対面場面における聴解過程の分析から」『第二言語としての日本語の習得研究』第 8 号　44-63

——— (2008)『非母語話者日本語教師再教育における聴解指導に関する実証的研究』ひつじ書房

Anderson, A. & Lynch, T. (1988) *Listening*, Oxford: Oxford University Press.

Ellis, R. (1995) Interpretation tasks for grammar teaching, *TESOL Quarterly*, 29(1), 87-105.

Helgesen, M. (2003) Listening, In Nunan, D. (Ed.), *Practical English language teaching*, New York: McGraw-Hill, 23-46.

Mendelsohn, D. J. & Rubin, J. (1995) *A guide for the teaching of second language listening*, Carlsbad: Dominie Press.

Mendelsohn, D. J. (1994) *Learning to listen: A strategy-based approach for the second-language learner*, Carlsbad, CA: Dominie Press.

Nunan, D. (Ed.) (2003) *Practical English Language Teaching*, New York: McGraw-Hill.

Richards, J. C. (1990) *The language teaching matrix*, Cambridge: Cambridge University Press.

Rost, M. (1990) *Listening in language learning*, Harlow: Longman.

――― (1991) *Listening in action*, New York: Prentice Hall.

Stempleski, S. & Tomalin, B. (1990) *Video in action*, New York: Prentice Hall.

Underwood, M. (1989) *Teaching listening*, London: Longman.

Ur, P. (1984) *Teaching listening comprehension*, Cambridge: Cambridge University Press.

【執筆者】
横山紀子（よこやま　のりこ）

◆教授法教材プロジェクトチーム
久保田美子（チームリーダー）
阿部洋子／木谷直之／木田真理／小玉安恵／中村雅子／長坂水晶／簗島史恵

※執筆者およびプロジェクトチームのメンバーは、初版刊行時には、すべて国際交流基金日本語国際センター専任講師

イラスト	岡﨑久美
ナレーター	広居播／夏目ふみよ／津山博
録音協力	易暁莉／GACHIE Richard Kiruri
音源提供	くろしお出版（トラック63）、日本国際教育支援協会（トラック64、65）
録音・編集	株式会社巧芸創作

国際交流基金 日本語教授法シリーズ
第5巻「聞くことを教える」
The Japan Foundation Teaching Japanese Series 5
Teaching Listening
The Japan Foundation

発行	2008年2月15日　初版1刷
	2020年10月15日　　　4刷
定価	1000円＋税
著者	国際交流基金
発行者	松本功
装丁	吉岡透(ae)
印刷・製本	三美印刷株式会社
発行所	株式会社ひつじ書房

〒112-0011　東京都文京区千石2-1-2　大和ビル2F
Tel : 03-5319-4916　Fax : 03-5319-4917
郵便振替　00120-8-142852
toiawase@hituzi.co.jp　http://www.hituzi.co.jp

Ⓒ2008 The Japan Foundation
ISBN978-4-89476-305-0

造本には充分注意しておりますが、落丁・乱丁などがございましたら、小社かお買い上げ書店にておとりかえいたします。

ご意見・ご感想など、小社までお寄せくだされば幸いです。